用感动打造千万销量茶店茶馆

茶叶应该这样卖 2

戴高诺◎著

中国经济出版社
CHINA ECONOMIC PUBLISHING HOUSE
·北京·

图书在版编目（CIP）数据

茶叶应该这样卖 2：用感动打造千万销量茶店茶馆 / 戴高诺著．--北京：中国经济出版社，2021.1
ISBN 978-7-5136-6234-5

Ⅰ．①茶… Ⅱ．①戴… Ⅲ．①茶叶-市场营销学-中国 Ⅳ．①F724.782

中国版本图书馆 CIP 数据核字（2020）第 254821 号

责任编辑 葛 晶
责任印制 马小宾
封面设计 任燕飞工作室

出版发行 中国经济出版社
印 刷 者 北京柏力行彩印有限公司
经 销 者 各地新华书店
开　　本 710mm×1000mm 1/16
插　　页 1
印　　张 12
字　　数 164 千字
版　　次 2021 年 1 月第 1 版
印　　次 2021 年 1 月第 1 次
定　　价 45.80 元
广告经营许可证 京西工商广字第 8179 号

中国经济出版社 **网址** www.economyph.com **社址** 北京市东城区安定门外大街 58 号 **邮编** 100011
本版图书如存在印装质量问题，请与本社销售中心联系调换（联系电话：010-57512564）

合作单位宣传页

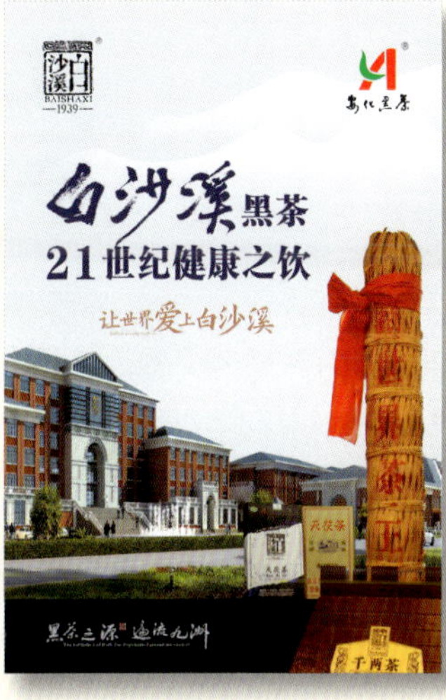

白沙溪

山国饮艺

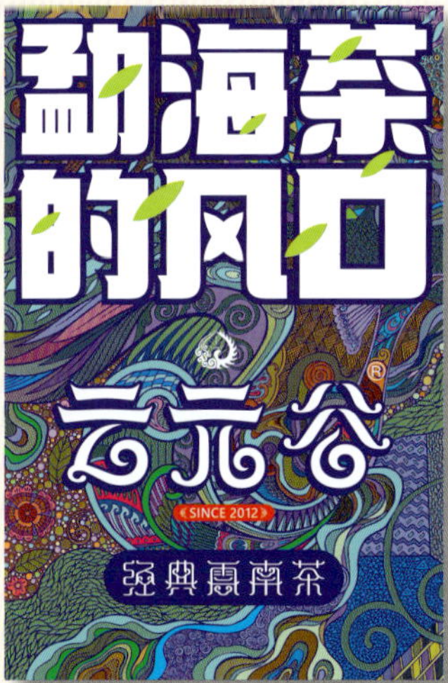

云元谷

湘益

丁合利
DING HE LI
福鼎白茶
FU DING WHITE TEA
好白茶 就这来
茶
福鼎白茶：原料 / 文化 / 品牌 / 策划 / 运营 / 解决方案输出 /

丁合利

婺牌皇菊
WUPAI HUANGJU
婺源皇菊
婺源皇菊
花中贵族 150元/盒

婺牌

妙境云上
荒野风骨 岁月臻品
野臻
千两茶

云上

鼎益泉
荣徽芗园贸易有限公司
正味
坐酌泠泠水 看煎瑟瑟尘
无由持一碗 寄与爱茶人
香郁
味甘
形美
茉莉花茶

鼎益泉

天裕泰

金芝御叶灵芝白茶

作者服务过的企业

吴裕泰 1887 WUYUTAI TEA

华祥苑 EMPEREUR

白沙溪 BAISHAXI 1939 中国黑茶标志性品牌 Chinese Dark Tea Symbolic Brand

陳升號

武夷星 WUYISTAR

湖南省茶业集团股份有限公司
湖南省湘茶高科技有限公司

谢裕大

峨眉雪芽 EMEI XUEYA 中国驰名商标

LongRun Tea 龙润茶

川红集团 CHUAN HONG GROUP

王光熙 ·松萝茶传承人·

湘益茯茶 XIANGYI FU TEA Since 1958

鸣龍

大业茗丰 DAYE MINGFENG

妙境云上 MIAO JING YUN SHANG

福元號 原生态·纯料·大树茶

定心 Calmness 珍稀绿茶

高馬二溪 GAOMAER'XI

清雅源

自在林 ZIZAILIN

正皓茶 ZHENG HAO CHA

婺牌茶 WUPAI TEA

理想 LEADER THINKING

裕园茶 一清二香

可居茶介

六艺斋 —顶端 安全 可靠—

云元谷 普洱茶

德邦快递 DEPPON EXPRESS

吴裕泰店长培训现场

华祥苑大区总监培训现场

武夷星店长培训现场

湘益茯茶经销商培训现场

峨眉雪芽经销商培训现场

王光熙松萝茶营销特训营合影

川红集团培训合影

陈升号全国店长培训合影

正皓茶经销商培训合影

白沙溪培训合影

裕荣香经销商培训现场

湖南云上茶业培训现场

上海鸣龙直营店店长培训现场

汇仁药业六艺斋茶艺师培训合影

龙润茶经销商培训合影

德邦快递春茶上市运输产品分享现场

“专业人才‘茶店茶馆经理人’职业技能培训项目”各期学员合影

“专业人才‘茶店茶馆经理人’职业技能培训项目”现场照片（一）

“专业人才‘茶店茶馆经理人’职业技能培训项目”现场照片（二）

黑茶制作技艺非遗研修班培训现场

湖南省茶叶研究所营销研修班培训合影

广东省茶叶流通协会“茶叶营销师”培训合影

贵州省茶文化研究会“茶叶销售师”培训合影

贵州绿茶品牌发展促进会（水城）培训合影

贵州绿茶品牌发展促进会（余庆县）培训现场

贵州绿茶品牌发展促进会山东分会培训现场

厦门市茶业商会研修班培训合影

全国茶店茶馆经理人精彩评论

1. 北京学员：我是跨界到茶行业来的，3天时间，学到了茶店的经营知识，拓展了经营思维和经营视野。

2. 上海学员：我从事茶行业14年，课程中的策略和技巧非常实用，都是我们经营中会用到的。

3. 天津学员：参加培训班，一方面是向老师学习，另一方面是同学间互相学习；系统的课程学习，让我的经营思路变得更清晰。

4. 重庆学员：我的茶店经营刚好遇到了瓶颈，这次的课程不仅拓宽了我的视野，也让我的思想得到了升华，更让我在学习中得到了提升，期待下次学习。

5. 广州学员：我经营茶店快10年了，原来以为自己什么都懂，但是参加完培训班后，我感触很深，感觉自己懂得太少了。这次培训对我帮助很大，特别是给新茶馆的运营提供了很多参考。

6. 杭州学员：通过学习，我的茶店经营思维更系统、更清晰，茶叶销售也有了更加明确的方向。

7. 沈阳学员：看到课程信息后，我非常兴奋，迅速报名；课程学完后，我更加兴奋，因为课程内容都是满满的干货。

8. 石家庄学员：课程直击茶店茶馆经营痛点，内容紧贴茶行业经营状态，系统全面提升经营能力。

9. 昆明学员：3天学习，带给我深切的感悟和深刻的启发，我会把学习到的知识运用到实践中；同时，也会分享给更多茶友，让更多的茶友受益，这是我一个青年茶人应该做的事情。

10. 成都学员：3天学习，我得到了很大提升，如果以后再开课，我一定会再来。

11. 武汉学员：我有一家400多平方米的茶馆，经营了快10年。以前关注的是茶品和茶知识，茶营销基本上还在探索阶段。这次的课程给了我经营的新思维和切实可行的实施方法，非常荣幸认识戴老师，明年我们将把戴老师的课程引入武汉。

12. 贵阳学员：戴老师把销售中的细节讲得非常到位，这些细节在销售中经常出现，但又非常容易被忽略，最终导致销售失败。如果这些细节把握好了，对业绩的提升非常有帮助。

13. 西安学员：2018年，我爱人参加了正浩茶业的经销商培训，当时由戴老师主讲，她说收获非常大；这次看到戴老师来西安讲课，她就一定要我报名学习，我同样收获很大。

14. 乌鲁木齐学员：课程解开了以前茶店经营中的很多困惑和尴尬。

15. 长沙学员：我经营茶店茶馆10年了，走了很多弯路，这次课程让我重新梳理了茶店茶馆的经营思路。回去后，我要先从店面整理开始，再逐步落实不同阶段的营销方案。

16. 太原学员：关注戴老师的课程很长时间了，隔壁店的老板刚好是第18期的学员，他说店面经营一定要去学习，所以我就义无反顾地来了。我的新店正在装修，但是还没有成熟的运营方案，压力非常大。课程对门店经营的要点进行了系统梳理，落地方案和实战技巧都非常实用，让我对新店的经营有了新的规划。

17. 济南学员：用同等面额的钱进行交换是不增值的，但是用钱来学习是可以增值的，让我们都通过学习变得更优秀。

18. 福州学员：3天的学习，让我收获了茶店的经营策略，希望戴老师继续带领我们成长。

19. 呼和浩特学员：3天的学习，为我的茶店经营提供了更多的思路和方法。

20. 兰州学员：通过学习和考试，我成了一名茶行业职业经理人，希望大家都能在戴老师的平台上，做成一番事业。

21. 银川学员：戴老师的课程是花钱最少、收获最多的课程，我一定把课程推荐给集团董事长，争取让公司的商学院与戴老师合作，将这门实用的课程做下去。

22. 南宁学员：3 天的学习，让我对茶馆的经营进行了系统梳理，回去后要努力转化。

23. 深圳学员：茶店茶馆的赢利模式设计，对我有很大启发，每家店的核心目的都是赚钱，但是每家店的赢利模式都不一样，需要我们深入思考。期待参加戴老师的师资班。

24. 东莞学员：收获满满，回去后，我会结合自己的情况进行消化和运用，希望再次听戴老师的课。

25. 扬州学员：学习后，我收获很多，课程内容涉及实际经营中的问题，回去后要好好运用。

26. 大连学员：在我的茶业经营遇到瓶颈时，一位非常要好的朋友把戴老师的课程介绍给了我。通过课程的学习，我系统梳理了经营策略，对改善经营帮助非常大。

27. 北海学员：一次偶然的机会，我看到了戴老师的文章，先买了他的书《茶叶应该这样卖》，然后参加了微信群课程，之后又参加了线下课，让我学到了很多茶叶销售的方法和茶店茶馆经营的策略。

28. 平凉学员：关注"茶店茶馆经理人"课程有 1 年多了，这次终于来学习了，收获特别多。无论是销售模式设计、门店陈列法则，还是销售技巧，都深受启发。

29. 汕头学员：今年下半年，我想开一家茶店，于是买了戴老师的《茶叶应该这样卖》，书里的内容对我非常有帮助。在参加了茶店茶馆经营课程后，我又学习到了很多经营上的方法和技巧，让我在开店的道路上少走很多弯路。

30. 潍坊学员：我是大益潍坊的合作伙伴，从事茶馆经营16年，从网上看到了“茶店茶馆经理人”的课程信息，看到了戴老师的介绍，特别崇拜，马上就报了名。戴老师的课程内容丰富、形式多样，有技巧、有案例，让我对卖茶有了新的认识。

31. 汕头学员：我正准备进入茶行业，这个课程为我避开了一些坑，让我知道原来的方案存在哪些问题，回去后我会重新调整方案。

32. 信阳学员：我们老板关注戴老师的课程有一段时间了，这次派我来学习，收获很大。回去后，我会把销售技巧传授给店员，从店面陈列入手进行调整，同时做好客户维护，改变店面经营不温不火的状态。

33. 诸城学员：通过学习，我了解了茶店经营的系统策略，了解了茶店经营的目的不是情怀而是赢利；同时，在渠道营销的方式上也学习到了很多，例如跨界营销、产品体系搭建、陈列策略等。

34. 安阳学员：学习的结束是实践的开始，我们要把老师所讲的知识和案例与门店经营结合起来，反复推敲，然后进行运用，期待改日再聚时汇报战绩。

35. 邯郸学员：以前参加过很多茶专业方面的课程，但是第一次参加营销课程，收获特别多。我们要通过学习让自己变得更优秀，让团队变得更优秀。

36. 诸城学员：感谢戴老师教给我们赚钱的方法，从事茶业经营15年了，3天的学习，让我的经营思路更加清晰，经营策略更加丰富，感觉自己又进步了。

37. 常德学员：回去后就动手调整，从门店产品陈列开始。

38. 广元学员：这次收获了很多专业知识，回去后要慢慢转化，学以致用，希望跟大家多交流。

39. 临沧学员：戴老师的授课方式不死板、不单调，课程内容实用，对我们帮助非常大，而且老师的格局非常高，不会像其他老师那样，走出课堂就不再服务了。

40. 博罗学员：3天的课程，案例多、实战多，虚的东西少，对茶店、茶馆经营非常有帮助。

41. 莆田学员：学到了很多书本上没有的东西，对经营非常有帮助，解决了我现阶段最棘手的问题。

42. 三明学员：这次的课程学习，对自己的经验和阅历都进行了补充，在渠道营销上也给了我很多启发，比如跨界营销、销售技巧等，希望在平台上能有更多的学习和交流机会，大家共同进步。

43. 烟台学员：通过这次的课程，我系统地学习了茶馆管理，回去后一定要学以致用。

44. 博罗学员：买过戴老师的书，也一直关注戴老师的公众号。通过这次学习，我知道了如何融合和运作。

45. 天津学员：3天的课程，我对茶叶营销进行了系统化学习，戴老师的讲解非常详细，对经营很有帮助。

46. 北海学员：3天的学习，让我找到了很多茶店经营的方法，也收获了很多销售技巧，对于即将开业的新店，我也有了明确的经营思路。

47. 泉州学员：老师分享的案例非常实用，能直接用于茶馆经营。

48. 铜仁学员：老师给我们系统地梳理了茶店、茶馆经营中的策略和细节，这些内容对我们帮助非常大。

49. 株洲学员：戴老师的课程让我收获颇多，课上我说了很多次"老师，你很棒，你太厉害了"，因为我真的是第一次听到这么接地气的课程。

50. 西双版纳学员：经理人课程，对于店长和老板来说，都是一次新的提升。3天的学习，让我有了一个比较完善的茶馆经营思维，回去后要好好转化。

51. 北京茶友：老师的课程解决了我所有的问题。前两天的课程告诉我们茶店经营应该怎么做，分享的案例很有参考价值；第三天课程的内容涉及很多服务细节，可以直接输送给团队成员，比如，陈列中的价格标签规范。

52. 华羽村白茶茶友：课程干货满满，如果有机会，我一定会把身边的朋友带进“茶店茶馆经理人”大家庭。

53. 惠州茶友：之前我一直是边开店边摸索，一次偶然的机会买了《茶叶应该这样卖》，读了之后受益匪浅；参加了3天的系统学习，更让我在茶店经营方面有了新的提升。很庆幸有这次机会和大家相识。

54. 佛山茶友：之前因为家里有事，我一直犹豫要不要来学习，但事实证明，我来对了。3天时间，戴老师带领我们非常系统地学习了茶店经营的课程，回去后我会一一落实，对门店进行整改，同时也会对合作伙伴进行输出。

55. 武汉茶友：同学们都说来对了，我想说我来晚了，很早就知道戴老师的“茶店茶馆经理人”课程，但是一直没有来。3天课程，非常系统、专业地梳理了茶店茶馆的经营思路和方法，干货满满。

56. 润思祁红茶友：戴老师的课程系统、实用，我会将学习到的知识运用到工作中。

57. 开平茶友：如何让懂茶的人变成懂卖茶的人是这次学习最大的收获，3天的学习，收获满满。

58. 好茶仓茶友：参加这次课程我最深的感触是术业有专攻，现在开茶店必须懂经营。戴老师的课程对我帮助和启发非常大，我感觉自己来晚了。

59. 广西茶友：很高兴能在这个课堂里跟优秀的老师一起学习，未来我想邀请戴老师帮我培养店长团队。

推荐序

经营是通过“感动”抓住顾客心的一门艺术

今天的茶叶市场，已经由增量市场逐步转为存量市场，一方面，茶园可采摘面积不断扩大，茶叶产量不断增加，另一方面，茶叶消费量的增速与产量增速不对称，全国茶叶的库存量呈不断增加趋势。

增量市场，主要特征是市场份额不断增加，茶叶经营者的经营目标是不断地通过营销活动来获得新客户，进而实现销售来赢利。但随着竞争不断加剧，市场份额增速相对降低或者停滞，存量市场出现，这时以吸引新客户为主的营销活动效果将大幅下降。由此，茶叶经营者的经营目标由引流顾客实现销售转变为锁定顾客挖掘销售，主要经营策略转变为围绕现有客户开展维护工作，不断提升客户满意度。

管理大师梅奥在《工业文明的社会问题》中强调人际交往的重要性，强调尊重人的非理性情感因素，努力将人的情感需求与社会的理性需求结合起来，重建人与人之间、人与集体之间的良性互动关系。

消费者，是营销的主体，是一切营销活动的起点，同时也是终点，对于他们的经营，非理性情感因素的重要作用是不可低估的，而且将日益重要。营销专家对消费行为学的研究表明，当顾客的消费行为由理性转为感性时，成交就会变得自然和轻松，交易将在愉悦的氛围中完成。

由于新冠疫情的爆发，作为茶叶销售主要终端的茶店、茶馆、茶空间的茶叶销量大幅下降，暴露出门店和顾客关系的脆弱，门店和顾客关系停留在最浅层的交易关系，以及门店的经营者对于“顾客情感关系”的维护重视不够，或者不懂得如何经营，也揭示茶店、茶馆的经营重点将转向“顾客情感关系”维护。

戴高诺先生是具有创新精神的著名茶叶营销专家，他长期专注于茶叶情景式营销理论研究，指导了一大批茶叶企业和茶叶营销人员在市场拓展中不断探索与实践。他在茶叶营销之路上的努力与执着，催生了他的新作《茶叶应该这样卖2：用感动打造千万销量茶店茶馆》，我有幸提前拜读了书稿，并欣然同意为其作序。

《茶叶应该这样卖2：用感动打造千万销量茶店茶馆》一书以发生在销售额超过千万元的茶店、茶馆的真实案例为素材，经过归纳、整理和提炼，选择了55个具有典型代表性的案例，阐述面对“不同类型、不同需求、不同时间”的顾客，茶店、茶馆经营人员如何满足他们的消费心理需求，并让其感动的技巧。

期待《茶叶应该这样卖2：用感动打造千万销量茶店茶馆》一书，能够像戴高诺先生的前一部大作《茶叶应该这样卖》一样，赋能茶行业营销，并期待他有更多的茶营销著作助力茶行业健康可持续发展。

中国工程院院士
湖南农业大学教授 刘仲华
2020年8月于长沙

自 序

感动——千万销量茶店茶馆经营的秘诀

转眼之间，我进入茶行业已经10年了，10年的行程堆成了厚厚的一摞火车票和登机牌，见证着我走过的茶叶产区、销区和走访过的3000多家茶店、茶馆。拙作《茶叶应该这样卖》累计印刷10次，书的厚度超过1000米，比3个埃菲尔铁搭的高度还要多40米。

这些年来，每一次线下开班我都会和全国各地的茶友探讨茶行业中不断出现的各种问题，每一次探讨我都会问同一个问题：一家销量过千万元的茶店，它成功的秘诀究竟是什么？

2018年，国资委商业饮食服务业发展中心颁发证书的“专业人才‘茶店茶馆经理人’职业技能培训项目”由我负责课程开发并担任主讲，让我有了和更多销量过千万元的茶店店主或店长深入接触的机会。

比如，六妙茶业的陕西总代理陈总，年销售白茶1000万元以上，他是如何做到的呢？虽然说品牌、品质和产品是基础，但是仅有这些是不够的，我希望获得更多的解答。带着这样一种思考，在西安举办“第十八期‘茶店茶馆经理人’培训班”期间，我有幸和陈总夫妇有了深度接触的机会。

在连续三个晚上到陈总门店喝茶并交流后，我突然悟到了陈总经营成功的奥秘——夫妻二人持续的热情待人。这样的持续热情，换来的是顾客和合作伙伴的感动。

一位从医院回来的女顾客来到茶店，细心的店长了解到顾客刚输完液还没吃饭，为顾客点了一份青菜鸡蛋面。顾客非常感动，虽然只是一碗价格不到20元的面条，却体现出店长对顾客服务的细致入微。后来，这位顾客成为店长的闺蜜，也为门店介绍了10余位朋友来买茶。

感动——正是销量过千万元的茶店、茶馆成功的秘诀，因为它的作用不仅仅是有效地维护老顾客，提高成交顾客的忠诚度，同时也为老顾客资源裂变奠定了坚实的基础，让老顾客自愿自发地为门店转介绍资源。

门店顾客经营的四个维度是引流、成交、锁客和裂变，当消费者购茶渠道多元化时，当消费市场从增量市场转为存量市场时，当茶店茶馆的竞争由顾客争夺战升级为顾客经营能力的比拼时，二八定律就要发挥重要作用了，即80%的销量来自20%的老顾客。如果茶店茶馆的经营者能够针对这20%的老顾客进行进一步的引流、成交、裂变，如果经营者把贡献80%销量的顾客比例由20%提升到50%，甚至更高时，销量从100万元到1000万元的通道将会被打开。

如何提升顾客的消费量呢？需要茶店茶馆的经营者用细致入微的服务感动顾客。新书《茶叶应该这样卖2：用感动打造千万销量茶店茶馆》依然通过案例的形式，揭示不同类型用户的服务技巧。55个案例来自近百家销量超千万元的茶店，每个案例的精髓都是感动顾客，展现的技巧都是“可复制的，可执行的”。

期待新书能和《茶叶应该这样卖》一样得到茶店茶馆经营者和从业人员的支持，能够带给茶友实质性的提升。

感恩中国工程院刘仲华院士再次为拙作作序，感恩茶企、茶友的大力支持。另外，每章节后的“营销小知识”均来自公开资料，如有错误，请予以指正！

千万元销量茶店不是梦，期待共同实现“中国茶·中国梦”。

戴高诺

2020 年 10 月于北京

目　录
Contents

接待篇

服务篇

解 忧 篇

促销篇

维护篇

接待篇

顾客接待包括来店前和来店中两个时段；制造感动需要根据顾客的不同爱好、不同需求，为其提供个性化服务。因此，茶店茶馆销售人员要用心观察并分析顾客，洞察其消费心理和消费偏好，以在接待时提供具有针对性的服务，同时能触动顾客情感。

服务场景 1

一杯热茶，迎接看海报的顾客

人物画像

孙先生，经营一家书画廊，很喜欢喝茶，也是一位喜欢货比三家的顾客。

案例回放

周三下午 3 点，我们店正在举行早晚班交接会，眼尖的小芬突然朝我示意，我转头一看，店门口有位顾客正在看海报。

正当我犹豫要不要出去迎接顾客的时候，突然想起参加“茶店茶馆经理人”培训班的时候，戴老师语重心长地对我们说：“茶店茶馆是客流量比较小的消费终端，没有顾客的时候，工作人员大部分时间都在玩手机，甚至门口有顾客看宣传物料也没有人出去接待。”

于是，我立刻对大家说：“你们先讨论一下昨天晚上出现的销售问题，我去迎接顾客。”

我拿起一个品茗杯，倒上刚泡上不久的肉桂，用托盘端上，推开玻璃门，对正准备要离开的顾客说："先生您好，天气炎热，喝一杯茶吧！"

顾客听到我的声音后，转过头来，说了声"谢谢"，然后拿起茶杯，喝了一小口。

看到顾客拿茶杯和小口喝茶的动作，以及喝茶时若有所思的神情，我判断这是一位老茶客。

"先生，一看您就是位品茶高手，我们店里刚好新到了几款茶叶，正准备邀请几位像您这样的老茶客品鉴，也给我们提点建议，来这边请。"我随即邀请顾客进店。

说完这句话，我用手势引导顾客进店品茶。顾客没有任何拒绝地走进了门店。

进店后，我引导顾客到雅韵阁包厢坐下，然后给水壶加满水，并请顾客先坐会儿，我出去拿茶叶。

我拿了一泡老铁、一泡牛栏坑肉桂和一泡凤凰单枞，这三款都属于口感略重的乌龙茶，因为据我的经验，老茶客的口感往往会比较重。

回到包厢后，我先为顾客泡了老铁，请他品鉴并提意见，喝到第四泡的时候，顾客打开了话匣子，他告诉了我进店的原因。

原来这位顾客有个习惯，一有时间就到街上走走，看每家茶店的宣传海报或者促销海报，他说我是唯一一位在我看海报的时候出去迎接他的服务员。有时候，即使门店里面的工作人员发现他在店门口停留，也没有人出来和他打招呼。

因此，他觉得我们店的服务不一样，很细心，也很热情。在后面的交流中，我了解到顾客姓孙，经营一家规模不小的书画廊。

临走的时候，孙总买了那款老铁，并表示以后会经常来店里买茶叶。

案例启示

迎接顾客是门学问。茶店茶馆，特别是只卖产品的清茶馆，本身就不属于客流量特别大的终端，所以我们在维护老顾客的时候，还需要引流陌生顾客，在店门口驻足的顾客是重点之一，这也正是奉茶模式的意义所在。

有调查显示，如果顾客在茶店门口停下来看海报，这时有销售人员出来迎接的话，顾客进店比例会达到80%，而且这样的举动会让顾客感觉服务很贴心、很到位。

营销小知识

跨界营销

跨界营销是移动互联网时代十大商业趋势之一，是一种全新的生活态度与审美方式的融合。跨界营销需要打破传统的营销思维模式，避免单独作战，寻求非业内合作伙伴，发挥不同类别品牌的协同效应。

跨界营销的实质是实现多个品牌从不同角度诠释同一个用户特征。跨界合作对于品牌的最大益处，是让原本毫不相干的元素相互渗透、相互融合，从而给品牌一种立体感和纵深感。

服务场景 2

做好轮休时段的接待，顾客忠诚度更高

人物画像

顾先生，喜欢在不同的茶店买茶叶，喜欢对不同茶店的茶叶和服务进行比较。一次偶然的机会，我们让他感受到了不一样的诚意，从此，他成为我们的忠实顾客。

案例回放

星期四上午，店里顾客不多，小芬、小婷在调整陈列。这时，从外面进来了一个人，小芬抬头看去，认出了是顾总，赶忙放下手中的东西，整理了一下衣着，将他请进青竹阁包厢。

因为顾总平时对茶叶比较挑剔，店员一遇到他就非常紧张，所以在接待的时候，小婷打电话问我："顾总来店里喝茶，怎么接待比较好?"

我今天刚好轮休，但接到电话后我告诉小婷，让小芬先接待，自己第一时间赶到店里。

在简单了解了接待情形后，我拿出三泡新到的茶叶，走进包厢。

和顾总打完招呼后，我征求他对刚才所喝茶叶的意见，然后拿起新茶，对他说："顾总，这是我们上星期一刚到货的春茶，您今天来得正是时候，我这还有最后三泡试泡茶，我泡给您喝。"

中途，顾总去上洗手间。当他再次回到包厢后，整个人的状态完全不一样了，我能明显地感觉到他很开心、很兴奋，又喝了一杯茶后，他对我说："小月，这个茶叶我要3斤。"

听完他的话后，我很惊讶，因为顾总从来没有一次性买过3斤茶叶的消费记录，也从来没有那么爽快地下过单。

因为新茶只有试泡茶，所以在确认顾总需要购买的茶叶后，我请他等三天，茶叶到店后我给他送过去。然后，我拿起手机，给供货茶企的客户部经理打电话，请她当天下午用德邦将茶叶快递给我。

一切安排好后，我们继续喝茶，大约20分钟后，顾总接了个电话，回单位去了。

第三天下午，我给顾总去送茶，他告诉我说那天在店里上洗手间的时候，他无意间看到了墙上茶店的"休息牌"，发现当天是我休息，然而在他进店不到10分钟，我竟然出现在他面前为他泡茶，为了接待他，我放弃休息时间，让他很感动。

从那以后，顾总基本上都在我们店里买茶叶，而且都是非常爽快地成交。

案例启示

顾客为什么挑剔？真实原因是我们自己的服务还不到位，还不足以让顾客认可。对于这种类型的顾客，茶店茶馆从业人员要用心和认真，服务要细致，要让顾客感受到足够的尊重。

在这个案例中，轮休中的店长赶回门店亲自接待，让顾客感觉特别有面子，而且被尊重，从而提高了顾客对门店或者服务人员的认可度。

营销小知识

爆品营销

爆品营销是指快速推动产品进入市场，实现阶段性业绩目标并产生品牌轰动效应的营销模式。

“爆品”概念自2013年由营销专家提出以来，通过实践被证明适用于电商、微商，也适用于实体店，具有投资少、周期短、速度快、效益高的特点。

爆品为广大中小企业和创业者解决了营销费用不足、营销团队不力、库存积压严重、长期难以获利等难题。

服务场景3

预留停车位，满足顾客的贵宾心理

人物画像

何先生，是市区一家小有名气的装饰公司老板，偶尔会来店里买茶叶，但很多时候都是打电话来店里订购，要求送货，购买量不多。

案例回放

今天是周四，我轮休的日子。下午3点，手机“叮咚”响了一声，是客户何总发来的信息，问：“小月，你在店里上班吗?”

我立即回复：“何总您好，今天是副店长小芬上班，您要去店里吗?”

何总又说：“我现在准备过去，大概十几分钟后到店里。”

我回答：“好的，何总，欢迎您!”

然后，我立即打电话给小芬，告诉她装饰公司的何总要去店里喝茶，看看店门口有没有停车位，一定要帮他预留，同时要认真接待。

1分钟后，小芬打电话给我，说店门口没有车位了。

我想了想，赶紧让小芬拿三泡茶叶，去找隔壁店铺的老板，跟他协商一下，将昨晚我没有开回来的车停在他店门口一会儿。

停车位协调好后，小芬在店门口等何总。

大约5分钟后，何总的车出现在店门口，小芬走过去，协助何总把车停好，并为何总打开了车门。

进店后，小芬邀请何总到幽兰阁包厢入座，然后，用已经烧开的水为何总泡了他平时最喜欢的浓香铁观音。

在喝茶的过程中小芬了解到，何总今天来茶店主要是想在中秋节采购一批茶叶，作为送给客户的礼品和送给员工的福利，想看看有没有合适的产品。

小芬为何总详细地介绍了中秋茶礼，里面有3个月饼和3罐不同品类的茶叶，分礼品装和普通装两个价位，并建议何总将礼品装送客户，普通装作为员工福利，因为内含的产品一样，只是包装不同，这样能降低采购成本，又能让员工开心。

但是，何总听了小芬的建议后，没有特别积极的反应，看起来对中秋礼盒不是很满意。

小芬走出包厢，打电话告诉我："何总想采购茶叶作为礼品，但是推荐中秋礼盒后，他不满意，该怎么办?"

考虑到大部分家庭的人数以及女性的喝茶偏好，我建议小芬对礼盒中的产品进行调整，即增加一个月饼，减少一罐茶叶，铁观音和红茶各一罐。

小芬回到包厢后，按照我的建议重新给何总推荐了礼盒，他满意地购买了100份礼品装和80份普通装。

后来，何总成了我们店的重要客户，茶叶的采购量也翻番。

案例启示

在平时接待顾客的过程中，要用心观察顾客的反应，并分析顾客的消费心理，以便能在后面的接待中提供个性化或有针对性的服务。

在这个案例中，顾客非常注意服务细节，同时心理上获得尊重感的需求非常强烈。因此，预留车位、烧好水等细节是否做到位，对这一类顾客非常重要，因为能够让他们感受到尊重。在没有达成交易的时候，要认真思考顾客是对推荐的产品细节不满意，还是对产品价格不满意，并针对顾客需求调整产品销售方案，以促成交易。

营销小知识

社群营销

社群营销是在互联网数字化社群大量兴起的社会环境下，充分运用互联网工具，利用群体情绪化特点，激发社群所蕴藏的巨大能量，从而达到营销的目的。

社群营销的核心是人，辅助因素是产品与服务，目的在于通过赋予品牌人格化的特征，努力让品牌和消费者之间产生感情，让消费者保持对品牌的情怀，即情感依恋，从而积极热情、不计报酬地宣传自己钟爱的品牌，甚至直接消费产品。

服务场景 4

一杯白开水，开启顾客喝茶人生

人物画像

曹先生，是一位豪爽的北方人，来南方出差，因为天热口渴想喝一杯白开水，于是走进茶店，后来成为门店的老顾客。

案例回放

周三下午，一位陌生顾客走进茶店，小敏引导他在茶桌边坐下。

小敏：“先生，您是第一次来我们店吗？”

顾客：“是的，刚好经过你们店，就进来歇会儿。”

小敏：“欢迎您，我叫小敏，先生，如何称呼您？”

顾客：“我姓曹。”

小敏：“曹总，您平时喜欢喝什么茶呢？”

顾客：“我平时不怎么喝茶，你能帮我倒杯白开水吗？”

说完，顾客从背包中拿出水壶。

小敏：“好的曹总，我现在去烧水。”

在等待水开的过程中，小敏了解到曹总是北方人，最近受公司派遣来这边出差，因为不爱喝茶，所以平时基本不去茶店。今天，刚好在这附近走访市场，口渴想喝水，结果拿出水壶时发现没水了。去了几家超市或便利店，发现矿泉水基本都是冰的，而曹总不喜欢喝凉水，怕伤脾胃。

正在他口渴难耐之际，发现了我们的茶店，想都没想就走进店里。

经过几分钟的交流，曹总和小敏也逐渐熟络起来，话也多了。

水烧开后，小敏把开水倒进一个敞口杯，晾了 2 分钟后，拿起一个品茗杯倒了一杯，递给曹总说："曹总，现在水还比较烫，您小口喝，喝完我再给您倒。"

然后，把剩下的开水倒进了曹总的水壶。

曹总小口地喝完了品茗杯中的水说："小敏，你们南方女孩做事就是仔细，不像我们大大咧咧的。"

随后，他又问小敏："有没有什么茶叶适合我这种体重偏重的人喝?"

小敏推荐了安化黑茶并告诉他，根据科学研究安化黑茶具有降血压、血脂、血糖的功能。同时，建议曹总买黑茶的时候要买有金花的茯砖茶，因为特殊的制作工艺，茯砖茶自然发酵时会生成冠突散囊菌（俗称"金花"），这种黑茶里独有的冠突散囊菌富含 18 种氨基酸和 450 多种对人体有益的成分。

听完小敏的介绍后，曹总买了一款茯砖茶。为了方便他冲泡，小敏把茶叶撬成小块交给了曹总。

临走时，曹总主动加了小敏的工作微信。后来，曹总基本上每月都会来店里购买一次茶叶，哪怕是没过来出差，也会微信联系购买。

案例启示

满足顾客个性化需求，并真诚地、仔细地为顾客提供服务，是感动顾客的基础。

在这个案例中，小敏不但没有拒绝顾客刚开始想喝一杯白开水的需求，而且非常热心地为顾客烧水，为顾客灌满水壶，用敞口杯为顾客晾开水，用品茗杯倒水，这些细节展示出小敏的服务不但仔细而且认真，让顾客产生了感动，最后主动购买茶叶。

营销小知识

圈层营销

圈层营销属于精准营销方式，指的是不同种类、品牌或者价位的商品，有不同的定位人群。有时候商家为了吸引他们的目标客户，往往会将其划为一个圈层，对这一圈层的目标消费者进行重点关照和服务，维持并扩大圈层中的客户数量。

在房地产、奢侈品等领域，圈层营销是一种常见的方式，因为这些领域的受众一般都具有一定的经济实力或者社会地位，形成一个很有辨识度的文化圈或者消费圈，而且这些圈子比较小众，企业能够将更多的资源和成本集中在这群人身上。

服务场景 5

一杯红糖水，知名企业老板成顾客

人物画像

曾阿姨，某知名企业老板的母亲，一次偶然的机会与店员相识，之后把他儿子介绍到茶店，成为一位忠诚的顾客。

案例回放

下午 4 点，气温没那么高了，按照惯例，我安排小英、小溪到店门口奉茶，给经过茶店的人奉上一杯解暑茶。

大概 20 分钟后，小英急匆匆地走进茶店，大声喊："店长，店长"，我一听，感觉应该是出事了，否则小英不可能那么急。

"怎么了，小英，出什么事了？"我赶紧问。

"店长，不好了，门口有一位阿姨快要晕倒了！"小英气喘吁吁地说。

听小英这么说，我赶紧放下手中的茶杯，起身往店门口跑。

店门口，一位 60 岁左右的阿姨，脸色苍白，正由小溪扶着在原地休息。我跑过去，跟小溪一起把阿姨扶进店里。

我们将阿姨扶进雅韵阁包厢，让她躺下休息，然后我让小溪去给阿姨倒杯温开水，同时给阿姨盖上了一条毛毯。

2 分钟后，小溪把水端了进来，我问小溪："水烫吗？"

在确定水温不高，不会烫伤人后，我把阿姨扶起来，把水端给她，喝完一杯水后，阿姨慢慢缓过来了。

我对阿姨说："阿姨，您先休息一会儿，待会我再进来。"

走出包厢，我想是否应该跟阿姨的家人进行联系呢？不过阿姨现在情况稳定，我稍微平复了一下自己的心情，决定等等再说。

大约 30 分钟后，阿姨从包厢里走出来，虽然还很虚弱，但精神已经好了很多。

"阿姨，您再休息会。"我说。

"真是太谢谢你们了，刚才突然头晕，估计是血糖有点儿低。"阿姨说。

听阿姨这么说后，我叫小溪到旁边的便利店买了包红糖，然后冲了杯红糖水给阿姨喝。

阿姨喝完红糖水后，状态好转，坐下来跟我们聊起天儿。她下午出来转转，没想到走到店门口的时候，突然头晕，快要摔倒，是店里的两位姑娘发现情况不对后，第一时间走过去扶住了她，否则后果不堪设想。

之后，阿姨给他儿子打电话，要他过来接她。听得出来，他儿子很忙，想让司机过来接，可是阿姨非得儿子亲自来接。

20 分钟左右，一辆保时捷卡宴停在茶店门口，是阿姨的儿子来接她了。

阿姨执意要儿子陪她喝一杯茶再走。

拗不过母亲，他坐下来喝茶。在喝茶的过程中，阿姨把刚才发生的事情跟她儿子说了一遍。

听完母亲说的话后，她儿子从包里拿出一张名片递给我，并请我第二天下午去公司找他喝茶。然后，对阿姨说："娘，我会好好感谢她们的，以后我公司的用茶就找这家店买。"

曾阿姨这才开心地回家了。

后来，这家企业的礼品茶和办公用茶都在我们店里采购，每年的茶叶购买金额达到20万元。

案例启示

乐于助人是中华民族的传统美德，虽然当下"碰瓷党"频出，抱有"不要轻易帮人，免得惹事上身"观点的大有人在，但我们依然要相信，善良的人永远都是占绝大多数的。因此，无论是工作中，还是生活中，遇到需要帮助的人，还是要遵从自己的内心，不求回报，去帮助他人，因为善心终会结善缘。

茶企小百科

白沙溪茶厂股份有限公司

湖南省白沙溪茶厂股份有限公司，前身为湖南省白沙溪茶厂（国有），创建于1939年，曾创造了中国紧压茶史上的数个第一，即1939年中国第一片黑砖茶，1953年新中国第一片茯砖茶，1958年中国第一片花砖茶；之后，又开发、研制了青砖茶和普洱茶，挖掘、继承和发展了民间传统茶叶产品天尖茶、贡尖茶、生尖茶和千两茶（俗称"花卷茶"）。

公司拥有的"白沙溪"品牌为"中国驰名商标""中国黑茶标志性品牌""湖南老字号"。湖南省白沙溪茶厂股份有限公司是湖南紧压茶"发祥地"，是全国边销茶摇篮。

服务场景 6

一盒茶点送孩子，换来顾客主动买茶

人物画像

杨女士，某金融公司高管，城市小资女性，偏爱咖啡，一次偶然的机会，让她爱上了茶，从此成为门店的忠实顾客。

案例回放

为了提高门店客流量，周日下午，我和小溪在店门口做促销活动，让经过门店的人能够停下脚步了解产品，再引导他们进入门店，为销售创造机会。

一位打扮素雅的年轻女性带着孩子经过门店，孩子看到我们促销产品的漂亮包装就跑过来看，她的妈妈明显不希望孩子了解我们的产品。

于是，我装作不知道她们是母女，对小女孩说："小朋友你长得真标准，长大后肯定是位女神，而且你妈妈肯定也是一位女神，而且很会带孩子。"

没想到，这句话说完，她的妈妈没再阻止孩子继续看我们的产品。

我拿起一盒精致的茶点递给孩子，她接过后，反复看包装，有点儿爱不释手。

我对孩子说：“喜欢吗？”

“阿姨，我非常喜欢，多少钱呢？”小女孩问我。

“阿姨不收你的钱，送给你了，因为我的小侄女和你一样大，看到你，阿姨突然好想回老家去看她！”我说。

她妈妈说：“宝贝，我们不能随意拿别人的物品，我给你买。”

我对她妈妈说：“真的不用付钱了，我家的小侄女和你孩子差不多大，也喜欢吃零食，但是我都给她吃这种茶点，因为添加剂少，更健康。”

这时，她妈妈和我的心理距离又拉近了，我趁机对她说：“现在天气还比较热，你带着孩子出来，尽量不要让孩子喝凉水，来，我们进店泡杯茶喝。”

然后，我牵起孩子的手，领着她们走进了门店。

进店后，我引导她们在茶桌前坐下，安排小敏为她们泡红茶。

我对孩子说：“老师是不是告诉我们，从外面回到家里要先洗手，吃东西之前也要洗手，来，我带你去洗手，好吗？”

孩子非常乖，很开心地跟我去洗手。

再次回到茶桌的时候，小敏已经把茶泡好，递给顾客一杯后，用大玻璃杯倒了一杯温开水，又加入一点茶水，拿给孩子喝。

喝完第一杯茶后，孩子的妈妈觉得口感非常好，茶汤中的香味和回甘，让她瞬间爱上了茶。

从后面的交流中，我知道孩子的妈妈姓杨，是某金融公司在本地分公司的高管。

短短20分钟的交流之后，杨女士买了800元的红茶，还主动加了我的微信，说喝好了还会来买。

案例启示

销售是一门科学，也是一门心理学，更是一门艺术。要想感动陌生顾客，就要让顾客感受到尊重，赞美是一种效果非常好的方式。

在这个案例中，店长从赞美开始获得了顾客的好感，送给孩子的茶点，为顾客进入门店做了良好的铺垫，对促进成交有重要作用。

营销小知识

刷脸营销

刷脸营销的代表是杜蕾斯，其方式是借助社会热点，不断地嵌入自己的品牌，并且将品牌打造成有情感互动的社交媒体 IP。但是，这种营销方式并不创造需求，消费者也不可能因为情感被唤醒而购买更多的杜蕾斯产品，因此，杜蕾斯必须与其他品牌联手，才能扩大变现空间，提高对销售的直接贡献。

服务场景 7

一只品茗杯，化解顾客的价格异议

人物画像

吴先生，在市区经营一家广告公司，有 30 多位员工，是茶店最近刚成交的一位顾客。

案例回放

一天下午，吴总来到茶店喝茶，这是他本月第二次过来喝茶了。第一次来的时候，他购买了一款正味铁观音。

小芬引导吴总在茶桌前坐下，问道："吴总，今天怎么有时间过来喝茶呢？"

吴总回答："是不是没有时间，我就不能过来喝茶呢？"从表情和语气看，吴总有点儿不开心。

小芬没有继续这个话题，转而问："吴总，您还是喝上次那款正味铁观音吗？"

吴总回答："不了，给我换泡老铁试一下。"

小芬回到柜台，拿了5年和10年的老铁各一泡，按照泡茶惯例，先给吴总泡了5年的那款老铁。

吴总喝了后，要求再试喝另外一泡10年的老铁，感觉口感上和5年的差不多。

吴总问：“小芬，这两款老铁的价格分别是多少？”

小芬报价后，吴总说：“这两款价格差了300元啊，我是老顾客了，上次也找你们买过茶叶，你把那款10年的老铁按照5年的价格卖给我吧。”

小芬说：“吴总，您这个价格砍得太狠了，按照门店规定，我们给老顾客8.8折优惠。”

吴总又说：“小芬，我觉得这两款茶叶的口感没什么区别呀，如果自己喝，我就买这款5年的了，但是因为要放在办公室接待客户，生产日期是10年前的，给客户喝我比较有面子，但是价格上你得给我优惠力度大点儿。”

小芬回答：“吴总，我非常认可您的观点，像您这样的老板，亲自接待的客户肯定都是有身份的，请他喝10年老铁，客户会觉得您非常尊重他，说不定马上就能签单合作呢！”

吴总又喝了两杯茶后，对小芬说：“这样吧，你给我打八折吧，我现在就买。”

因为价格是门店统一规定的，老板的朋友或者老顾客享受的价格优惠是一致的，我们没有权利私自降折扣。

怎么办呢？吴总想成交，但是纠结于价格，价格又没办法再低了，这时，小芬用店里特有的手势向我发出了求助信号。

于是，我拿了碟茶点走过去，对吴总说：“吴总，喝老铁比较容易饿，来，吃些茶点。”

然后，小芬跟我说明了一下情况，了解了问题所在，我稍做思考后，对吴总说：“吴总，非常感谢您对我们的支持，这款茶叶的价格真是没有办法优惠了，因为这是所有门店统一的。这样吧，星期一我们店刚好采购了10个限量版羊脂玉品茗杯，我去跟老板申请一下，送一个给您。”

吴总听后立刻说：“小月，行，那就照你说的办。”

我到服务台给老板打了个电话，再回去告知吴总的时候，他已经扫码付款了，正等着打包茶叶和品茗杯。

案例启示

价格是销售中最避不开的因素，当有些顾客要求的折扣低于门店的销售政策时，销售人员的第一反应应该是“顾客还没有认可我的服务”，换句话说，是顾客觉得销售人员对他的尊重不够。因此，要通过感恩、赠送礼品的方式进行化解，让顾客切实感受到尊重，他对门店的忠诚度也会提高。

营销小知识

多媒体营销

视频广告能使消费者快速进入一种情境，并唤醒情感。阅读工具、电影贴片、H5、短视频等手段都能够快速抓住消费者的注意力，给消费者留下深刻的印象。

消费者在阅读、看电影或看视频时已处在注意力相对集中的状态，此时发布一些能够打动人心的广告内容可以获得事半功倍的效果。

服务场景 8

一瓶藿香正气水，陌生顾客主动买茶

人物画像

刘先生，经营一家五金建材店，业务覆盖整个市所辖范围，并且业界口碑好。

案例回放

南方的夏天，高温炎热，中午时分，小汽车车头盖的温度能煎熟鸡蛋。

一天中午，我和小婷、小敏在店里，三人轮流进行短暂的午休。

正当我半睡半醒时，门铃响起“欢迎光临”的提示音，我赶紧抬头一看，进来一位男顾客。

“欢迎光临茶店，这边请”，我招呼顾客坐下，然后给顾客倒了一杯温开水。

“今天天气真热，先生，您先喝杯温开水解下渴，我再给您泡茶。”我说。

顾客听说是温开水，迫不及待地喝了一口，然后一鼓作气地把整杯水喝完了。

看来，这位顾客是真渴了，茶店开业以来，第一次看到顾客一口气把水喝完。

于是，我又给顾客加了一杯温开水。

顾客拿起水杯又喝了几口，说：“你们店里的水真好喝。”

这个顾客还真可爱，夸人也拐弯抹角的。

看着顾客逐渐凉快下来，我问：“先生，这大中午的，天气这么热，您怎么还跑出来呀，不怕中暑吗?”

顾客说：“别提了，我过来给一位业主装一个热水器，没想到刚好业主不在家，一直等他回来，把热水器装好就快两点了，从顾客家出来看到你们茶店，我就进来了，想避避暑。”

顾客又说：“进店的时候，头有点晕，感觉要中暑了，所以才很没礼貌地一口气把水喝完了。”

听到这里，再看看顾客的状态，我想他应该已经中暑了。于是，我对他说：“先生，您先喝水，我去下服务台。”

我来到服务台，打开抽屉，找到了为防止小伙伴中暑买的藿香正气水，拿了三瓶，回到泡茶台。

“先生，您脸色那么难看，估计是已经中暑了，来，您先喝一瓶藿香正气水吧。”我边说边打开瓶盖递给他，他没有推辞就喝了。

在后来的聊天中，顾客告诉我，他是做五金建材生意的，姓刘，喜欢喝铁观音，每个月都会买三、四斤铁观音。

之后，顾客还主动加了我的微信，走的时候买了一斤300元的正味铁观音。

后来，刘总每个月的茶叶都到我们店里买，而且经过引导，他喝茶的品位也提升了。

案例启示

关心顾客是让顾客产生感动的方法之一，但需要认真了解顾客的需求，触动顾客需求的关心才最容易感动顾客。这好比一个人已经吃饱了，你再请他吃山珍海味，他也没有食欲；但是一个正空着肚子的人，你请他吃两个馒头或者一碗面条，他都会特别感激。

营销小知识

意见领袖营销

2020 年 6 月 1 日，恰逢“618 购物节”前夕，格力电器举行“格力健康新生活”直播活动，网红企业家董明珠再度上阵直播带货。据格力官方披露的数据显示，直播启动 1 分 59 秒时，销售额已突破 1 亿元，直播进行了 3 小时 25 分后，销售额突破 10 亿元，格力整场直播总成交额超过 65.4 亿元。

对于注意力缺失的消费者来说，KOL（Key Opinion Leader，关键意见领袖）可以治疗他们的选择困难症，因为 KOL 已经和消费者建立起了一种信任关系，作为信任感的附加价值，其定价权也较高，不失为一种好的小众产品营销模式。

服务场景9

一瓶红酒，提高客单价

人物画像

罗先生，某建材公司总经理，一次偶然的机会来门店买茶叶，后来成为忠实顾客。

案例回放

一年一度的端午节快要到了，因为有很多顾客需要买茶叶送礼，以维护重要的客情关系，所以茶叶销售将迎来一个高峰期。

星期五下午，我正在店里接待顾客，小溪、小芬也在包厢接待，门铃响起，有人进店，我立刻对正在接待的顾客说：“张总、王总，你们先喝茶，我过去一下就来。”在得到他们的允许后，我第一时间走向店门口，把顾客迎进店。

引导顾客到另外一张茶桌坐下后，我问：“先生，您平时喜欢喝什么茶呢?”

“普洱茶。”顾客回答。

“好的，那您想喝熟普还是生普呢?”我接着问。

“喝熟普吧。”顾客回答。

我去服务台拿出一款已经存放两年的熟普，泡给顾客喝。

在喝茶的过程中，我了解到顾客姓罗，想买茶叶送礼。

了解顾客的需求后，我给他推荐了一款300元的生普和一款500元的生普，分别是去年和前年的。

罗总说：“我觉得现在喝的这款熟普口感挺好的，为什么你建议我买生普送人呢?”

我告诉罗总：“对于普洱茶来说，有‘喝熟存生’的说法，意思是熟普是用来喝的，生普是用来存放的，因为生普存放的升值空间比熟普大，送礼给领导或者朋友更有意义。”

听了我的解释后，罗总说：“行，那就听你的，买生普。”

我继续说：“周二的时候，我的一位老顾客也买了20饼这款500元的生普送礼。”

罗总说：“我不用20饼，给我拿10饼就行。”

罗总确定买单后，刚好小溪送客人离开回到服务台，我立刻招呼她过来为罗总打包10饼前年的生普，然后继续为罗总泡茶。

我突然想到，端午节是传统节日，除了送茶作为礼品外，是否有送酒的需求呢？于是，我问罗总：“罗总，端午节聚餐您会用到红酒吗?”

罗总说：“小月，我正准备在你这买好茶后去另外一家店买酒，如果你这边有合适的，我就一起带上，免得再跑第二家。”

我请罗总稍等，然后到红酒陈列区取下了3款不同年份的红酒，拿给罗总看。

罗总一一看完后，买了20瓶单价550元的红酒。

临走时，罗总主动加了我的微信。后来，罗总也经常来门店消费，成了忠实的顾客。

案例启示

顾客在茶店的消费需求是多元化的，只是因为很多时候经营人员或者销售人员固守顾客到茶店就只是买茶叶的思维，从而丢失了能提高客单价的机会和更好地服务顾客的机会。

事实上，如果顾客能在茶店买到其他的产品，不但可以减少他多跑一家店的麻烦，还能得到一定的实惠，也会提高顾客对门店的认可度；对于门店来说，不但展示了专业的服务技巧，也提升了销售业绩。

营销小知识

社交营销

社交营销是一种以网络为载体的营销活动，本质是互动而不是口碑，所以它是一种理念而不是手段。

社交营销分为浅层营销、参与感营销和信任传播链营销。比如，朋友圈刷屏广告，这种广告不具备朋友背书，只是图个脸儿熟，但打开率很高，所以属于浅层营销；而网易云音乐在北京地铁用5000条乐评刷了屏，这是一种更深层次的情感营销。

来自网友的UGC（User Generated Content，用户生成内容）内容可以覆盖不同想法的消费者，而其所营造的参与感无形中又提高了品牌价值，提供了浅层的情感归属，加深了消费者的印象，这又属于参与感营销。

服务场景10

半包客家绿茶，陌生顾客变成交顾客

人物画像

丁先生，在市区经营一家钢琴店，除了卖钢琴，还做钢琴培训，爱好喝茶，是茶店的顾客。

案例回放

周二下午，淅淅沥沥地下着小雨，茶店顾客不是很多，利用这个时间，我带领小溪、小婷、小敏给产品外包装进行擦拭，并调整陈列，为新的促销活动做准备。

这时，一位顾客走进门店，我让她们继续工作，自己去迎接顾客。

为了不让来回走动的店员影响顾客，我把他领到了幽兰阁包厢。

“先生，您平时喜欢喝什么茶呢?”我先开口询问。

“我平时喝绿茶比较多。”顾客回答。

“是龙井呢？还是毛峰？或者是毛尖?”我追问了一句。

“都不是，是松萝茶。”顾客接着回答。

松萝茶，条索紧卷匀壮，产自安徽休宁县，有“徽茶始祖”之称。

色绿、香高、味浓是松萝茶的显著特点，香型为炒香。

听说顾客平时喜欢喝松萝茶后，我猜测顾客很有可能是安徽人，因为虽然松萝茶是名茶，但是现在以出口为主，喝的人比较少，代表品牌是王光熙。

“先生，松萝茶的炒香确实很诱人，我也很喜欢。”我接着说。

“是的，我就是喜欢松萝茶的香型，喝习惯了松萝茶，其他绿茶喝起来都感觉没有味道。”说起松萝茶，顾客神采奕奕。

顾客是松萝茶的忠实爱好者，不会轻易更换喝茶品类，但是店里刚好没有松萝茶，怎么办呢？

我想起小芬老家是广东河源的，那边的绿茶也是以炒香为主，前段时间她休假回来带了2包分享给我们，现在店里还有。

于是，我对顾客说：“先生，稍等，我去拿茶叶过来泡给您喝。”

回到服务台，我找出小芬带回来的茶叶，用一个茶具倒了差不多5克，然后回到包厢。

请顾客闻香后，我拿出玻璃杯，待水温降低到85度左右，开始冲泡茶叶。

顾客喝了一口后说：“这不是松萝茶，不过香味也是炒香，而且很明显。”

我对他说：“先生，您真是行家，一入口就品鉴出不是松萝茶。确实，这款不是松萝茶，它是广东河源的客家绿茶，也是炒制工艺。”

我继续说：“因为店里没有松萝茶，所以我就请您喝这款客家绿茶，也是客家人热情待客的茶。”

顾客听我说完继续品茶，他对口感还是挺认可的。

我趁机对顾客说：“先生，这款茶叶我们店没有销售，这是我们一位店员从老家带来的，还剩下半包，我送给您喝。如果您还是想要喝松萝茶，我晚点联系我的老师，他为王光熙松萝茶做过培训，和企业很熟悉。”

“这样太好了，我把电话留给你，改天松萝茶到货后，你联系我，我过来拿。”听我这么说，顾客很兴奋。

随后，顾客预付了300元定金，拿着半包客家绿茶开心地离开了。

三天后，松萝茶到店，我联系顾客，给他送了过去。后来，这位开钢琴店的丁总成了茶店的老顾客。

案例启示

中国茶总体上分为七大类，但小品类有上千种，每一位顾客的需求也不尽相同，如果顾客想要的茶叶门店刚好没有，我们就要机智应对，不能直接说没有。

在这个案例中，店长用香型相近的茶叶试泡给顾客喝，让顾客接受服务；然后，提出要送给他这款茶叶，并告诉他数量很少，营造出茶叶的稀缺；同时，提出为顾客联系茶叶厂商，从细节和节奏上都把握得很好，让顾客非常自然地接受了服务。

茶企小百科

山国饮艺

山国饮艺，是中国茶业百强企业，成立于2002年，总部位于厦门，是一家集生产研发、全渠道运营、文化旅游于一体的综合性实业集团。

山国饮艺开创茶行业智慧茶店运营模式，实现全国700多家连锁店线上线下一体化运营，与苏宁易购、麦当劳等共同入选“2020中国网络销售TOP100”。

二十年工夫，一盒山国茶，山国饮艺基于消费升级，以“好茶重工夫，好礼重情义”作为独特的价值主张，创新性地打造了山国工夫茶品牌，重新定义了好茶标准。

服务场景 11

疏导不悦心理，顾客变朋友

人物画像

方先生，刚刚大学毕业三年，在一家传媒公司担任设计总监，擅长平面设计，平时喜欢喝茶。

案例回放

今天的方总略显疲惫，似乎是有什么事情压在心底，眉头紧紧地皱着。

我邀请他坐下来喝茶，他却摆了摆手对我说："我就不坐了，一会儿还有事情要忙。"

"好的，方总，那您今天需要买什么茶呢？"我直入主题地问。

方总向货架看去，说："买一盒红茶。"

我将方总请到货架旁，给他介绍了正山小种、祁门红和宜红，方总选了一盒祁门红，付款后准备离开。

我拿了一个袋子，装上茶叶，送方总到车前，把茶叶放到副驾驶位。

方总启动车子后，我走到离车 1 米左右的地方，准备等方总驾车离开后再返回店里，却看到他车的右侧后轮扁扁的，一点气都没有。

我赶忙走上前，对他说："方总，车的右后轮没气了。"

方总愣了一下："没气了？"说完，把车熄火后走下来，到车右侧一看，后轮果然没气了。

方总抓了抓头，说："奇怪，今天可真是事事不顺啊！"

我赶紧说："方总，您别急，我帮您叫救援，请他们过来帮忙换下备胎，等您不忙的时候再去补胎。"

方总深深地吸了一口气，说："也只能这样了。"

我邀请方总回店里喝茶，等救援的人过来。

在喝茶的时候，我了解到方总上个星期的一项设计被客户驳回了好几次，今天想重做，但一点思路都没有。

我为他续上一杯茶，说："方总，客户的挑剔未尝不是件好事，这正说明我们的工作还没做到位，或者能力还没完全发挥。"

方总点了点头，表示赞同。

我继续说："我也经常遇到挑剔的客户，我就向客户请教哪里做得不够好，请他们告诉我，我再改进。每次客户都会告诉我原因，我也努力去改变，让自己成长。所以，我觉得您应该和客户深入沟通，了解他对方案不满的真实原因。"

方总低头沉思了一会，说："小月姐，谢谢你，我明白应该怎么做了。"

喝完一款茶，车胎也换好了，方总便离开了门店。

后来，方总告诉我，他亲自去拜访了客户，询问客户的需求，并请教他们对方案的修改意见，再次设计的方案得到了认可。

案例启示

如果将茶店作为卖茶的场所经营，那么和顾客的关系只能是浅层次的交易关系；如果将茶店打造成品茗、交友的场所，则能够让顾客流连忘返。在顾客不开心时，让他开心；在顾客遇到困难时，尽力帮他解决，用真诚的服务打动顾客，留住顾客。当然，这其中完善的顾客服务体系必不可少。

营销小知识

情感营销

情感营销的目标是创造情感体验，这种情感体验可以是温和的，也可以是强烈的。

情感营销需要真正了解什么刺激可以引起某种情绪，以及能使消费者自然地受到感染，并融入这种情景中。如新加坡航空公司以“带给乘客快乐”为主题，营造全新的飞行体验。该公司对于空姐如何微笑，以什么样的音乐、什么样的情境创造快乐都制定了严格的标准。因为长期为乘客提供出色的服务，新加坡航空公司成为世界十大航空公司之一，也是获利最多的航空公司之一。

服务场景 12

雨伞接下车，陌生人变忠实顾客

人物画像

郑先生，某石材公司老板，因为一次下暴雨，把车停在了茶店门口，后来成为老顾客。

案例回放

一个夏日午后，天气突变，刚才还是骄阳似火，瞬间倾盆大雨。

我打开店里的灯，在店门口放好雨伞架、防滑垫和鞋套，继续为顾客服务。

这时，一辆车打着双闪灯在茶店的停车位上停下来，但没有人下来。

负责接待的小溪也注意到了这个情况，等了大约 1 分钟，还是没有人从车上下来，这时我突然明白过来，车上的人应该是没有雨伞，想等雨小后再下车。

我对小溪说："你拿把雨伞，去把车上的顾客接下来。"

小溪拿着雨伞，为顾客打开车门并撑伞，把顾客邀请进店。

小溪引导顾客到茶桌前坐下，我为他倒上一杯刚泡好的福鼎老白茶。

经过交流我知道，刚才雨下得太大，能见度非常低，郑总刚好开车经过茶店，想停下来避避雨，待雨停后再开车回公司。

看郑总品尝了茶之后，我问："郑总，喝了这款福鼎白茶感觉如何?"

郑总回答："小月，我觉得挺好的，细品有股药味，应该是存放了很多年的吧。"

我说："郑总，看来您也是位老茶客了，对茶叶很了解。这款白茶已经存放了5年。今天天气炎热，又赶上下雨，我想为大家煮点老白茶喝，这样身体很舒服。"

郑总说："有道理，老白茶好像能解暑。"

我又问："郑总，您平时一般都喝什么茶呢?"

郑总回答："我啊，喜欢喝点铁观音，因为喝习惯了。"

我说："很多顾客都喜欢喝铁观音，都说它的香味特别诱人，多喝几次还真的就喜欢上了。"

郑总说："没错，我有一个山东客户，有一次来厂里进石材，我送给他半斤正味铁观音，很快就喝完了，还让我替他买。"

我说："郑总还真是为我家乡的铁观音做了推广，我老家就是安溪的。不过，郑总，我建议您偶尔也换点其他茶叶喝，有一种科学的说法是，人的身体在不同时间对茶叶的品类需求是不一样的，因为不同茶叶的功效不一样。"

郑总说："小月，你说的有道理，有什么好建议吗?"

我回答："郑总，比如说夏天，我建议您多喝点老白茶，因为它能解暑降火，养心提神。"

郑总说："好的，小月，我们喝的白茶多少钱？"

在我报价后，郑总没有问优惠政策，直接买了两饼。在他成为门店的老顾客后，告诉我那天下大雨，小溪拿雨伞接他下车，让他很感动，觉得我们的服务做得非常细致。

案例启示

让陌生顾客认可门店，不仅需要从业人员有专业的产品知识、品茶知识和熟练的冲泡技巧、沟通技巧，更需要有细致服务的理念，能够随时捕捉提供服务的机会。如果捕捉的机会恰好满足了顾客的内心需求，那么，当你提供相应的服务时，就会让顾客感动。

营销小知识

场景营销

场景营销是基于网民的上网行为，使营销行为始终处在输入场景、搜索场景和浏览场景之一的一种新营销理念。浏览器和搜索引擎广泛服务于资料搜集、信息获取和网络娱乐、网购等大部分网络行为。

针对这三种场景，以充分尊重用户网络体验为先，围绕网民输入信息、搜索信息、获得信息的行为路径和上网场景，构建了以"兴趣引导+海量曝光+入口营销"为线索的网络营销新模式。网络会依据用户的搜索历史进行营销信息的推送，这些推送充分结合了用户的需求和目的，是一种充分满足推广企业"海量+精准"需求的营销方式。

服务场景13

暖手宝，换来顾客春天般的回报

人物画像

魏晨，一位年轻交警，从警校毕业两年，性格豪爽，偶尔会买点儿茶叶。

案例回放

今年冬天，天气特别冷，白天也显得特别短。下午5点，天已经完全黑了下来。

“欢迎光临”的铃声响起，店门被推开，进来一位女生，待她解下围巾，脱下羽绒服后，我才认出是魏晨。

她两个脸颊红扑扑的，一笑露出洁白的牙齿，对我说：“小月姐，我刚刚交完班回家，刚好经过店里，想看看你有没有在店里，进来蹭杯热茶。”

“美女警官，来来来，这边请！”我赶紧招呼魏晨坐下。

我一边开着玩笑，一边将她请到茶桌前坐下，说：“警官大人，这几天可真的是太冷了，你在室外执勤时要照顾好自己啊，看你脸都冻得红通通的。”

魏晨有点不好意思地捂了下脸，说：“一进入工作状态，就根本顾不上这些了。”

水烧开后，我泡了一杯红茶给她。魏晨伸手接过茶杯，看到她的手，我皱起了眉头，问：“小晨，你的手冻得那么厉害，好几个地方都皲裂了。”

魏晨低头看了看，毫不在意地说：“每天在室外工作，冻伤是常有的事，不用在意。”

我起身到收银台拿了个暖手宝回来，说：“那可不行，女孩子的手应该好好保养，我的暖手宝给你捂捂，一会儿我再给你擦点药。”

我把暖手宝塞到魏晨手中，她捂着暖手宝，抿了抿嘴唇，说：“谢谢你，小月姐。”

待魏晨的手暖和后，我把治疗冻疮的药膏从包里拿出来，帮她涂到手上，说：“这种药膏是我平时用的，对治疗冻疮特别管用，这个是新的，送给你用吧。”

魏晨的脸更红了，说：“小月姐，不用了，我自己有。”

给她抹好药，把盖拧上，我疑惑地问：“你有药膏？有药膏怎么手还冻得这么厉害啊？”

我把药膏塞到她手里说：“魏晨，我们是姐妹，这个药膏没几块钱，不用和小月姐客气。”

魏晨接过药膏放进包里，说：“谢谢你，小月姐！”

之后，我们又聊了会儿，魏晨就回家去了。

没过几天，魏晨的一位开企业的朋友，因为公司要举行十年庆典，需要采购茶叶作为礼品，魏晨把他引荐给了我，最终成交了 30000 元的销售单。

案例启示

经营顾客的重点之一在于挖掘其资源，其实在门店经营中，顾客的价值包含顾客本身的消费价值和转介绍的价值。

在这个案例中，店长细心地观察到魏晨的手，因为太冷又长时间在户外执勤冻伤了，从而发自内心地去关心她，使自己和顾客之间的关系由交易型转为闺蜜型，这样当顾客或他们的朋友有茶叶购买需求时，自然会想到门店，进而形成销售。

营销小知识

精准营销

精准营销是在精准定位的基础上，依托现代信息技术手段建立个性化的顾客沟通服务体系，实现企业可度量的低成本扩张之路，是有态度的网络营销理念的核心观点之一。

精准营销是大势所趋，它是消费者一直强烈盼望却很难实现的终极目标，它必须基于大数据技术，对消费者进行精准画像，利用智能手段进行分析和商品分配，从而达到降低营销成本和提高消费者匹配度的目的。

服务场景 14

一盘葡萄，陌生人变顾客

人物画像

江女士，一位“白骨精”，平时喜欢美容、运动，注重养生，喜爱茶艺。

案例回放

一天下午，美容店王总给我打来电话。

“王总，您好。”我接起电话说。

“小月，你好，我一会儿要带几个朋友去店里喝茶，有包厢吗?”电话那边传来王总的声音。

“王总，青竹阁包厢现在没接待客人，你们要来，我留住。”我回答。

“太好了，我们一共四个人，大约半个小时后就会到。”王总很高兴。

半个小时后，王总和她的朋友们走进茶店，我过去迎接，发现其中一位是孕妇。

引导王总一行进入青竹阁包厢坐下后，王总开始介绍："这就是我经常和你们说的小月，她们这里不但茶的品质特别好，而且服务也非常好，非常细致入微。"

我对其他三人热情地笑了笑，紧接着王总给我介绍："小月，这三位是我同学，分别是李太太、刘太太和江太太，她们也十分喜欢茶艺。"

我分别对几位太太点了点头，问候道："李太太好，刘太太好，江太太好。"

李太太对我说："小月，快给我们几个泡一壶茶，经常听我同学夸你。"

"好的！"我开始用热水冲洗茶具并泡茶，因为今天是她们第一次来店里，我有意将动作放慢，以展示茶道的优美。

为李太太、刘太太和王总奉上茶后，我给江太太递上了一杯开水。

刘太太感到奇怪，问："小月，你为什么不给我们的江美女也倒杯茶？"

"江太太应该是要做妈妈了吧，这个时候不适宜喝茶的哦。"我回答。

李太太喝了一口茶，有些惊讶地说："小月果然专业，泡的茶汤色、香、味都非常好，而且照顾得也这么细心。"

在她们聊天的时候，我掏出手机，给小溪发了一条信息，让她到旁边超市买点葡萄，洗好端来青竹阁。

10分钟左右，小溪就端着葡萄进来了，我从小溪手中接过葡萄，放到了江太太面前，对江太太说："江太太，您不能喝茶，我让小溪去外面买了点葡萄给您吃。"

江太太看着面前的葡萄，微微有点震惊地说："特意给我买的！"

"谈不上特意，您不能喝茶，就吃点葡萄吧。"我边说边把葡萄向江太太面前推了推。

刘太太欣喜地说："小月想得真周到。"

几个人愉快地聊了两个小时，临走的时候各自买了一盒茶叶，连江太太也买了一盒，说带给他爱人喝。

案例启示

当面对有特殊需求的顾客时，需要特别对待，这种对顾客细致的关心，往往会让人铭记于心。

在这个案例中，面对怀孕的顾客，店长没有请她喝茶，而是特意为她买了口感偏酸的葡萄，这正满足了怀孕妇女的需求。虽然一盘葡萄成本不到 10 元，却体现出对顾客的细致关心，最终促成了顾客的主动消费。

营销小知识

体验式营销

体验式营销是从消费者的感官、情感、思考、行动、关联五个方面，重新定义营销的一种思考方式。这种思考方式突破了理性消费者的假设，认为消费者消费时是理性与感性兼具的，消费者在整个消费过程中的体验，才是研究消费者行为与企业品牌经营的关键。

传统营销理念强调产品，但是合乎品质要求的产品，消费者不一定满意；现代营销理念强调客户服务，然而即使有了满意的服务，顾客也不一定忠诚。未来的营销体验，企业只有为客户提供"难忘的体验"，才会赢得用户的忠诚，获得企业长期发展的动力。

服务场景 15

送别鞠躬礼，顾客记忆犹新

人物画像

帅先生，某食品公司董事长，食品行业协会副会长，喜欢喝黑茶，是门店的老客户。

案例回放

周三晚上 8 点左右，进来一拨顾客，其中一位是半个月前来茶店喝过茶的帅总。

我和小艺引导他们进入雅韵阁包厢，知道他们刚吃完饭不久，就建议他们喝安化黑茶。因为现代科学研究表明，黑茶的“金花”里含的两种新的活性物质茯茶素 A 和茯茶素 B，具有显著降低人体类脂肪化合物、血脂、血压、血糖、胆固醇等功效。

在征得同意后，我为他们煮了一壶茯砖茶，然后安排小艺继续接待。

大约两个小时后，帅总到服务台买了一盒刚才喝的茯砖茶，然后和他的朋友们离开了。

我和小艺进入包厢进行打扫，她给我讲起刚才帅总说的一番话。

帅总半个月前来门店喝茶，走的时候，小婷把他送到门口，待帅总走出30米左右时，小婷按照门店的要求行鞠躬礼，恰好被转身的帅总看到这一幕。

帅总对小艺说："正是这个鞠躬礼，让我感受到你们门店的不一样，感受到门店对顾客的尊重。其实，我去过很多茶店喝茶、买茶，有些茶店的工作人员也会把顾客送到门口，并目送顾客离开，但他们只会对产生消费的顾客进行送别。上次我来店里的时候，没有买茶，小婷不但热情地把我送到门口，目送我离开，还对我行鞠躬礼，我内心非常感动，也觉得你们门店很特别，团队非常优秀，我希望这种优秀的传统能够传承下去，因为中国优秀的传统文化会为企业的经营增光添彩。"

其实，从我担任门店的店长开始，在经营过程中，就一直要求团队成员践行"恭敬、庄严"的茶礼仪。

每次顾客到店，小伙伴们都会热情地问候并欢迎顾客，哪怕是多次蹭茶的顾客。顾客离店的时候，无论是否消费，我都要求小伙伴们把顾客送到门口，并目送顾客离开，同时在顾客走到30米左右时行30度鞠躬礼。如果顾客是开车来店的，需要把顾客送到车前，顾客上车后行鞠躬礼，待顾客驾车离开后才能回店。

因此，我们店经常有陌生客人进来，他们不是老客户转介绍的，也不是被营销活动吸引的，而是因为看到我们的小伙伴在店门口或者店外停车位上行鞠躬礼，感到好奇和特别，就产生了去这家茶店喝茶的想法，顺便了解一下为什么这家店的店员经常向顾客行鞠躬礼。

案例启示

顾客是上帝，这句话永远都是对的，但并不代表顾客所有的要求都要去满足，特别是那些无理的要求，因为销售也是有尊严的职业。茶店、茶馆提供的服务要让顾客感觉有尊严，包括顾客进店的欢迎、探寻需求和满足需求的交流以及顾客离店时的告别。其实，顾客的离店不是销售的结束，而是新的销售的开始，服务人员要用能让顾客感受到尊重的方式告别，为下次销售奠定基础。

茶企小百科

云元谷——高端普洱熟茶

勐海县元谷茶业有限公司，是专业的普洱熟茶制造商，也是一家集种植、初制、精制、销售和服务于一体的全产业链普洱茶企业。

元谷茶业专注于西双版纳茶，坚持古法，工从传统，保证原汁原味。公司拥有一支经验丰富的熟茶技术团队，在精益求精地做好传统渥堆发酵熟茶的同时，锤炼出了行业内最系统的“大发酵”制茶工艺。

普洱熟茶“大发酵”工艺，是从鲜叶到成品的系统化发酵技术，包括离地渥堆发酵技术和拼接式渥堆发酵技术，以及“汽蒸+低烘熟散茶”工艺技术，突破了熟茶发酵中的技术瓶颈，有效地提升了普洱熟茶品质。

服务篇

顾客的需求分为消费产品需求、消费服务需求和额外需求。茶店、茶馆在满足顾客消费需求时制造感动的难度系数比较大，但是在满足顾客延伸需求或者跟销售无关的需求时，很容易让顾客产生感动，特别是细致入微、体贴关怀的服务。

服务场景 16

一碗青菜面，用心付出获得认可

人物画像

王女士，外地人，老公是本市人，住在离茶店不远的一个小区，也是门店的老顾客，每个月都会在门店购买 1000 元左右的茶叶。

案例回放

一天，快接近中午了，因为店里客人不多，于是我就安排小伙伴们先吃饭。

就在这时，王姐走进茶店，我请她到茶桌这边喝茶，准备给她倒茶的时候，王姐说："小月，你给我倒杯白开水吧，我今天有点儿不舒服，正在吃药。"

听王姐这么说，我赶紧拿出大玻璃杯，用开水冲洗后，倒了一杯水给她。为了防止王姐被开水烫到手，我没有把开水倒满，而是倒了 2/3 左右。

王姐告诉我，她昨天晚上突然发烧，一晚上都没休息好，一大早就去医院输液了，本来想回家，但是爱人去公司上班，小孩上学，家里没有人，所以就顺路到茶店来坐会儿，聊聊天。

在聊天的过程中，我想起来现在是午饭时间，王姐刚从医院输液回来，肯定还没吃饭，她回家自己做也不太方便，应该帮她点份餐。

于是，我请王姐先喝点水，自己到收银台拿起外卖菜单，为王姐点了一份青菜鸡蛋面。我想王姐身体不舒服，不能吃得太油腻，应该清淡点会更好。

然后，我回到泡茶台，继续和王姐聊天，20 分钟左右，送餐员把面送过来了。

我对王姐说："姐，中午你就不要回家做饭了，我给你点了一份青菜鸡蛋面，将就着吃点吧。"

王姐听说送来的面是特意为她点的，便非常开心地拿起筷子吃起来。吃完后，王姐对我说："小月，你太细心了，青菜鸡蛋面非常好吃。"

半个小时后，王姐离开门店，顺带买了一盒 1200 元的红茶。后来，王姐成了我非常好的朋友，而且陆续帮我介绍了 10 余位顾客来茶店买茶。

案例启示

关心顾客需要从细微处入手，并能看到顾客的真实需求。

在这个案例中，王姐身体不舒服，而且在输液、吃药，饮食上应该清淡一些，一份不到 20 元的青菜鸡蛋面，正满足了王姐当时的饮食需求。小小的举动，足以让顾客感动。如果是为顾客点了油腻的面条，顾客也会开心，但不一定会感动。

营销小知识

一对一营销

一对一营销，亦称“121营销”“1-2-1营销”或“1对1营销”，是一种客户关系管理（CRM）战略，它为公司和个人的互动沟通提供具有针对性的个性化方案。一对一营销的目标是提高短期商业推广活动及终身客户关系维护的投资回报率（ROI），其最终目标就是提升客户忠诚度，并使客户的终生价值达到最大化。

一对一营销针对每个客户创建个性化的营销沟通方式，该过程的首要步骤是进行客户分类，根据需要或者基于以往行为，建立互动式、个性化沟通的业务流程。

服务场景 17

亲自送还顾客手机，顾客购茶量大增

人物画像

宋先生，电商公司老板，做事认真负责，待人平和，爱好喝茶。

案例回放

离春节还剩不到 30 天了。冬日的白天总是格外短暂，下午 5 点左右，天已经完全黑了下来。

“叮咚”，门店的欢迎铃响起，抬眼一看，是宋总进来了。

小溪走过去迎接客人，并引导他到茶桌前坐下。

我把水加进水壶，准备烧水泡茶。

宋总见我准备泡茶，对我说：“小月，离春节不到一个月了，我想采购一些茶叶，公司事情多，我得马上赶回去，今天就不喝茶了。”

“谢谢宋总支持！那您需要什么茶呢？”我继续加水泡茶。

宋总回答：“小月，我打算在你们店订一些过年的礼品茶，发给公司的员工们，你帮我推荐一下看什么茶合适？”

在宋总提问的时候，我已经为他泡了他喜欢喝的福鼎白茶。“宋总，在你们公司上班真幸福。如果是给小伙伴们发福利，我建议您选择这款非常畅销的礼品茶，包装简朴，价格适中，但是茶叶品质非常好。”

我起身从货架上取下礼品茶请宋总看。宋总简单看了看，拿起茶杯喝了一口说：“小月，那就定你说的这款，100 份，公司每人发一份，多的我回家送给亲戚朋友。”

我拿出本子，记下数量，同时问宋总：“什么时候送货到公司合适？”

宋总起身说：“15 日下午吧，多少钱，我扫码给你。”

我叫小芬把收款码拿过来，递给宋总支付后，他就匆匆离开了门店。

我把小溪、小敏叫到茶桌前，把宋总要的礼盒款式和数量交代清楚，叫她们到仓库准备。然后，我开始收拾茶桌，发现椅子上有一部手机，在和小伙伴辨认后，确定是宋总的。

于是，我对小芬说：“你看下店，宋总的手机忘记拿了，我现在给他送过去。”

我原本计划能赶在 18：00 下班前到达宋总公司，但是因为下班高峰，堵车比较厉害，到宋总公司时已经 18：20 了，不过整栋大楼依然灯火通明，一派忙碌的景象。

来到前台，文员告诉我，宋总正在开会。于是，我请文员帮我把手机送到宋总的办公室，便回茶店了。

一个小时后，我接到宋总的电话，感谢我第一时间把手机给他送回去，同时告诉我礼盒还得增加 50 份。

案例启示

拾金不昧是做人的基本品德，也是每个人都应该做到的。

在门店服务的时候，如果遇到顾客落下物品的情况，我们首先要做的就是把物品归还给顾客，而且要在第一时间归还，以免顾客着急。当然将心比心，顾客也会认可我们的服务，并忠诚于门店。

营销小知识

关系营销

关系营销是把营销活动看成企业与消费者、供应商、分销商、竞争者、政府机构及其他公众发生互动的过程。企业营销活动的核心是建立并发展与公众之间的良好关系。

作为企业来说，满足顾客需要是生存的第一条件，但是企业还要时刻关注竞争对手的变化，在和竞争对手的较量中企业要考虑自己的成本，要做到适度领先。

服务场景18

介绍小吃，微信好友自发转介绍顾客

人物画像

赵先生，我的微信好友，从来没有见过面，在微信上也很少交流，他只知道我是一家茶店的店长。

案例回放

星期五下午，微信里面出现了赵先生的消息，说他明天要来这边出差，请我帮他介绍一下当地的美食。

赵先生人在广州，发这条信息会不会只是逗我呢？思考了一下，我觉得他来与不来都没关系，我不会有什么损失，只是介绍一下当地的美食或小吃嘛。

于是，我拿起手机，给赵先生回复了三条信息。

第一条信息告诉他，我们这个城市里有哪些特色小吃，每种小吃口感如何；

第二条信息告诉他，在什么地方可以吃到这些小吃，而且把餐馆位置通过微信定位功能发给他；

第三条信息告诉他，这些餐馆的平均消费水平。

这三条消息发过去后，赵先生回复："非常感谢！请把茶店的位置发给我，明天晚上去店里找你喝茶。"

第二天晚上 9 点左右，一位陌生顾客走进茶店，说要找店长小月。

小艺请他在茶桌落座后，来包厢找我。

我随小艺来到顾客落座的茶桌后，正要和他打招呼时，顾客先开口了："是小月店长吧，我是广州的。"

我反应过来了，这位就是昨天发信息给我，说要到这边出差的赵先生。我坐下来，问："赵总，您去哪家店吃的小吃啊？还喜欢吗？"

赵先生非常开心地说："小月，非常感谢你细致的推荐，你介绍的那家店服务很好，小吃的味道我也特别喜欢，而且还不贵。"

我对赵先生说："谢谢赵总的夸奖，这些都是我应该做的。"之后，我给赵总泡了焙过三次火的武夷岩茶。

因为广州人比较喜欢喝单枞，而武夷岩茶和单枞同属乌龙茶系列，口感比较接近潮汕单枞。赵总喝了后特别喜欢。

临走前，赵总买了一斤 3000 元的岩茶，说回广州之后，会给我介绍朋友买茶叶。

星期一，一位地理位置备注为广州的陌生人通过赵先生的分享加了我的微信，在微信上简单聊了几句后，他就买了 1200 元的茶叶。

后来，赵先生又陆续帮我介绍了五、六位朋友买茶叶，他自己也成为门店的忠实顾客，每个月都会通过微信下单买茶。

案例启示

对于茶店茶馆来说，无论顾客是朋友，还是单纯的消费者，我们作为提供服务的一方，哪怕是在不会产生销售的情形下，都应该细致入微地服务，因为细节决定成败，细节也决定了顾客对门店的忠诚度。

在这个案例中，赵先生之所以会到门店来喝茶，然后买茶，还介绍朋友给销售人员，正是因为销售人员的服务细致入微，让他感动。

营销小知识

品牌营销

世界著名广告大师大卫·奥格威对品牌的解释为，品牌是一种错综复杂的象征，它是品牌属性、名称、包装、价格、历史声誉、广告方式的无形组合。同时，品牌也因消费者对其使用的印象，以及自身的价值而被界定。

当一个产业处于从卖方市场向买方市场转变，产业增长方式从数量规模型向质量效益型转变的过程中时，品牌作为一种重要力量，对市场对决的输赢作用巨大。一个有影响力的品牌可以征服消费者，取得越来越大的市场份额。

服务场景 19

一条小毛毯，获得顾客认可

人物画像

周先生，老顾客王总的爱人，平时很少来茶店，茶叶的购买基本由王总负责。

案例回放

周日晚上，周总带着 5 岁的孩子和朋友一行 5 人来到茶店，我引导她们到幽兰阁包厢入座。

我为周总她们把水加好并加热，然后拿了三泡周总的爱人王总存放在店里的茶叶。

我简单地为她们讲解了茶叶知识，在泡好一道茶后，请她们品茶。然后，我对她们说："周总，你们聊，我出去一下，需要我服务的时候，请按下桌子上的按钮。"

大概 1 个小时左右，服务呼叫铃响起，我一看，是周总所在的包厢需要服务。按掉铃声后，我拿了一碟牛轧糖和南瓜子，来到幽兰阁包厢。

还没开口，周总就说话了："小月，小星这孩子中午没有午休，现在困了想睡觉，你们这有没有毛毯给他盖一下？"

我对周总说："您稍等，我出去找找。"

走出包厢，我在店内四处寻找了一番，但是只找到两个沙发枕。

小孩子睡觉容易感冒，最好要有一个小毛毯。正好店员小敏的家就在门店附近，骑电动车来回最多10分钟，于是我安排小敏回家拿毛毯，自己抱着两个沙发枕走进了包间。

"周总，不好意思，店里刚好没有毛毯，不过我已经安排小敏回家取了，10分钟后就能回来。我先把小星抱到我们员工休息室，那边有个沙发。"

随后，周总自己抱着小星跟我来到休息室，把孩子放在沙发上后，我用两个沙发枕围在他边上，防止他翻身的时候从沙发上掉下来。

我对周总说："您先去那边和朋友喝茶，我在这边看着，待会小敏把毛毯拿过来后，我再给他盖上。"

不到10分钟，小敏回来了，我把小毛毯轻轻盖在小星身上，并调暗休息室的灯光，再次确认小星不会掉下来后，我走出休息室并关上了门。

中途，怕孩子踢掉毛毯，我进去看了3次，周总也进去了1次。

晚上10点左右，周总和朋友谈完事情，将朋友送到店门口后，回到休息室看孩子，小星正睡得香，可爱的脸上还挂着淡淡的微笑。

这件事情后，周总来店里的次数明显比以前多了，而且经常会带上两、三个朋友，还会在朋友面前说我的服务非常好，非常细心，建议朋友买茶叶就找我。

案例启示

为顾客提供服务时，用心是非常关键的。只有用心了，才会让顾客感受到服务的细致和体贴，才能让顾客感动。当然，也要避免不必要的意外导致顾客和门店关系恶化。例如，在这个案例中，如果顾客的孩子从沙发上掉下来摔到了，结果可能会导致周总、王总不再来门店消费，甚至索赔。

营销小知识

深度营销

深度营销是以企业和顾客的深度沟通、认同为目标，从关心人的显性需求转向关心人的隐性需求的一种新型的、互动的，更加人性化的营销模式。

深度营销是让顾客参与企业的营销管理，给顾客提供无限的关怀，与顾客建立长期的合作伙伴关系，通过大量的人性化的沟通工作，使自己的产品品牌产生润物细无声的效果，保持顾客长久的品牌忠诚。它强调将人文关怀体现到从产品设计到产品销售的整个过程，乃至产品生命周期的各个阶段。

服务场景20

一条经营建议，开启深度合作

人物画像

王女士，外地人，在本地创业，从事美容生意，门店的老顾客，每个月都会来门店买茶。

案例回放

深秋十月，南方的气温还是比较高的，一个周日下午，王总和她的孩子来到茶店。

请王总和孩子坐下后，我给王总泡了一杯绿茶，然后问："王总，您家孩子平时在家也经常喝茶吧，看他喝茶的姿势，很有资深茶人的范儿。"

王总说："我很早就引导我们家孩子喝茶、喝开水，不能喝饮料，因为饮料里面的添加剂太多了，对小孩的身体健康有影响，茶是健康饮料，在家里我会带他一起喝茶。"

"怪不得，他喝茶姿势那么有范儿，原来王总平时就在培养啊，标准的一个小茶人。不过，孩子喝茶一定要适量，因为孩子的肠胃功能还没发育好，茶喝多了，会影响肠胃功能。”

王总说：“小月，你说得太对了，不要说孩子不能多喝，大人也一样，茶喝多了也会醉，据说比醉酒还难受。每次喝茶，我只给孩子喝一杯，然后给他讲一些茶文化或者茶知识。”

“王总，您教育孩子真有一套，我要向您多学习，等我有孩子了，也教他喝茶，学茶文化。”我对王总的教育方式大加赞赏。

“小月，你真会夸人！确实，在当今这个时代，让孩子学点传统知识和传统文化是很有必要的，能陶冶情操，帮助孩子建立正确的人生观。如果我们能在日常生活中潜移默化地培养孩子对传统文化的兴趣，对他以后的成长是非常有帮助的。”王总说。

“王总，真是高见，让我受益匪浅，我有一个不成熟的建议，还请王总多指导。”我对王总说。

“小月，你别客气，我们也是老朋友了。”王总端起茶杯喝了一口。

“王总，您是做美容行业的，客人基本上都是女性，而且是有一定身份或者社会地位的女性，修养都比较高。听了您刚才的话，虽然我还没有孩子，但是也觉得启发非常大，如果您能把这些理念分享给您的顾客，我想会获得很多人的认同。”我把自己的想法告诉王总。

“小月，你的建议太好了，我最近一直在思考如何增强顾客黏性，如何提高服务的附加值。我好好想想，如果可以，到时我邀请你去给我们的顾客做茶艺表演。”王总很赞同我的想法。

“好的，王总，非常愿意效劳。”我痛快地答应了。

又闲聊了一会儿，王总带着孩子离开茶店。

大约一个月后，王总打电话给我，邀请我去为她们的顾客进行茶艺表演。从此，我们之间有了更多深度合作，她的20余位顾客成了茶店的顾客。

案例启示

细致入微是为顾客服务的基本原则，在这个基础之上，如果能给顾客的工作、生活提供建设性的意见，那将使服务提升一个档次。

在这个案例中，店长给从事美容事业的顾客提供了一条能增加顾客黏性的建议，让顾客受益匪浅，从而为后期的深度合作奠定了基础。

茶企小百科

益阳茶厂有限公司

益阳茶厂有限公司，创建于1958年，系国家民委、财政部等国家部委定点的国家重点茯砖茶生产厂家，茯砖茶GB/T9833.3国家标准起草制定单位，湖南农业大学茶学博士科研工作站落户单位，湖南省级院士专家工作站挂牌单位，国家级非物质文化遗产益阳茯砖茶制作技艺唯一传承保护主体。

主要产品为湘益牌系列茯砖茶，质量稳定、品质优良，在国内同行业中处于领先地位，在西北地区有着“喝酒要喝伊力特，喝茶要喝湘益”的说法。

服务场景 21

雨夜接喝酒顾客到茶店喝茶，热情带来销量

人物画像

张先生，老顾客，每个月都会来门店买茶，不过购买金额不高。

案例回放

十一月的一个晚上，下着小雨，温度骤降，丝丝寒意袭来。

一位开酒店的老顾客打电话过来，让我为他送一款普洱茶。茶叶送给顾客后，我离开时，在酒店一楼大厅，看见老顾客张总和他的两位朋友坐在沙发上聊天。

因为酒店大厅还没有开暖气，我发现其中一人竟然有点发抖，而且也没有人给他们倒水。

我走过去问："张总，晚上降温了，你们坐在这里聊天，不冷吗？"

张总说："当然冷了，但是没地方可去！"

我觉得很奇怪："怎么会没地方去呢？"

在交流过程中我知道，他们 3 人都喝了酒，不能开车，只能坐在这

里等家人过来帮忙开车。

了解原因后，我立即对他们说："张总，如果你们不嫌弃我的车档次低，那就坐我的车去茶店喝茶吧。"

张总停顿了一会儿，说："小月，你先回去，待会如果我们要去茶店，再打电话给你。"

于是，我和他们告别，就先离开了。但是，我刚到店门口车还没停好，张总的电话打过来说让我去接他们。

我走进店里，喝了一口茶，交代小溪煮一壶陈皮老白茶，然后去接张总他们。

张总他们到店后，小溪为每个人奉上一杯热气腾腾的陈皮老白茶，喝完后 3 个人立马感觉暖和了。

我对他们说："因为今天太冷了，你们又喝了酒，所以我交代小溪给你们煮一壶陈皮老白茶，不但能解酒，还能温暖身体。"

张总他们听了非常开心，感谢了我好几次。他的一位朋友说经常去某家茶店喝茶，但是即使在 VIP 包厢都没享受过这么好的服务。

我对他说："应该是这家茶店的服务人员没有遇到这么好的为你们提供服务的机会，如果有这样的机会，相信她们的服务会更好的。"

大约晚上 11 点，他们的家人把车开到了茶店，我邀请大家进店喝一杯茶。

临走时，张总和朋友们每人都买了 1000 多元的茶叶。

后来，张总和他的两位朋友经常会来店里买茶叶。

案例启示

在与顾客的交流中，要用眼睛仔细观察，用心深入体会，发现客户的需求。有时候，客户的需求是显性的，有时候，是隐性的。当我们用自己真诚的态度、细致的服务去满足顾客的需求时，客户的内心会产生感动，这种感动对销售的促进作用是无形的，也是平时的维护工作无法实现的。

营销小知识

兴奋点营销

兴奋点营销将消费者期望、终端的利益目标和制造商的经济使命系在一起，促进不同行业之间的互动与合作，在不同领域、不同行业、不同层面进行跨界，释放出巨大的能量。在目标人群、品牌属性、产品特征上找到共同点或互补点，实现优势叠加，优势互补。

兴奋点是指在人的潜意识里具有的受到刺激后极易引起兴奋的敏感区域。兴奋点营销要基于产品，使其能够得到消费者的钟爱，需要对消费者进行深度分析和研究，了解消费者对某种商品做出购买决策的真正原因。解决的关键在于企业必须有效运用“恰当并且出人意料”的利益定位方法，在消费者脑海中寻找消费者对于产品的期望益处的核心要点，以及如何通过定位策略在消费者脑海中建立具有差异化的品牌印象。

服务场景 22

业务牵线，顾客购茶量大增

人物画像

郭先生，来自江西，是某著名品牌空调代理商，买茶喜欢货比三家，对品牌的忠诚度不高。

案例回放

周日晚上，我在店里接待顾客，王总和他的朋友在雅韵阁喝茶、聊天。

王总从事酒店和民宿经营，在当地有近 10 家连锁快捷酒店，最近又承包了一栋房子，准备装修后做民宿。

这时，郭总和两位朋友走进茶店，小敏引导他们进入青竹阁包厢，为他们烧水并拿好茶叶后就退出来了。

半个小时左右，服务呼叫铃响起，是郭总那边需要服务。我拿起一泡老铁，敲门后走进包厢。

郭总说："小月，来，你帮我泡下茶，我这位朋友喜欢口感淡一些的茶，我掌握不好冲泡时间，泡了好几次，他都觉得口感有点重。”

说完，郭总起身，把主泡位置让给了我。

我坐下后，重新烧水，清洗茶具，用开水对每个人的茶杯进行了冲洗，确保前一泡茶的香味不会留在品茗杯中，以免影响新泡茶叶的香味和口感。

我为郭总他们泡了一泡正味铁观音，在出汤的时候，第一泡浸泡了10秒就把茶汤倒出来了，请他们品茗后，觉得口感刚好。于是，我继续为他们泡茶。

在听他们聊天的过程中，我想起一件事：另外一个包厢的王总马上要装修一栋房子，应该会有装空调的需求，郭总不正是某品牌空调的代理商吗？如果能牵线，岂不是一件两全其美的事情。

于是，我对他说：“郭总，您代理的空调有没有价格优势啊，如果有，我给您推荐一个客户。”

郭总说：“小月，这个品牌的空调品质就不用说了，我是这个市的总代理，价格肯定会比其他人有优势的。”

听完，我对郭总说：“郭总，你们先喝点茶，我出去一下就回来。”

走出包厢，我到服务台拿了一泡福鼎老寿眉，敲门进入王总他们喝茶的包厢，奉上茶后，我问：“王总，您新的民宿装修是不是要用到空调呀，我有一个客户刚好是某著名品牌的总代理，有价格优势。”

王总说：“小月，空调肯定是要用的，如果你有这方面的资源，欢迎给我介绍。”

我对王总说：“您稍等，我去把郭总请过来，大家一起喝茶，他刚好就在另外一个包厢。”

于是，我把郭总引荐给了王总。因为郭总是总代理，价格比其他供应商有优势；对于王总来说，同样的品牌，肯定会考虑价格因素。最终，他们合作成功了。

从那时开始，郭总就再也没去过其他茶店买茶叶，都是来我们店买，而且他一直很感谢我，说我帮助他把生意做大了。

案例启示

茶店除了卖茶外，还是顾客交流、洽谈生意的平台。在接待过程中，销售人员会接触到不同类型、不同行业的顾客，所以平时多留心顾客的需求，在必要且时机合适时为他们牵线，促成他们的合作，主动帮助他们拓展事业，会让顾客特别感动。

营销小知识

数据库营销

数据库营销是为了实现接洽、交易和建立客户关系等目标，建立、维护和利用顾客数据库与其他顾客资料的过程。

数据库营销的核心要素是对客户相关数据的收集、整理和分析，找出沟通目标，消费与服务对象，并有的放矢地进行营销与客户关怀活动，从而扩大市场占有率与客户占有率，增加客户满意度与忠诚度，取得企业与客户的双赢。

数据库营销作为一种个性化的营销手段，在企业获取客户、客户留存与发展客户的各个阶段都是不可或缺的工具。

服务场景 23

为乘飞机顾客送身份证，提高顾客忠诚度

人物画像

刘奶奶，是一位十分有爱心的人，经常会在街坊邻居需要帮助的时候施以援手，虽然年纪大了，但是，身体很健康，经常会和其他老人跳舞、打太极。

案例回放

一个晴朗的星期六，我像往常一样早早地到达门店，小英和小艺已经把门店收拾干净，在将随身的斜挎包放进柜子里后，我拿出昨天的销售报表准备查看。

突然，我想起昨天晚上刘奶奶发消息询问了两套茶具，便叫小英把刘奶奶询问的茶具拿出来，摆放在货架上。

大概 11 点，刘奶奶来到了门店，她手上拉着个行李箱，身上还背着个包，看起来是要外出旅行。

我赶忙起身，将刘奶奶请到茶桌边坐下，打开烧水壶，拿出一小袋

绿茶。

看到刘奶奶的打扮，我不禁问道："刘奶奶，您这是要去旅游吗?"

刘奶奶十分开心地对我说："对啊，我要去趟三亚，我的一个姐妹约我去她家玩。"

"刘奶奶，三亚那边天气湿热，您要多喝茶、多喝水，以防中暑。"我叮嘱刘奶奶。

"好的，小月，我是下午两点的飞机，时间还有点赶，昨天晚上问的那两套茶具在哪儿？快给我看看。"刘奶奶略显着急地说。

刘奶奶正准备起身，我说："刘奶奶，您坐，我拿过来给您看。"

我将两套茶具从货架上拿下来，放到了刘奶奶面前。

刘奶奶摸了摸，说道："我想选一套送给我的姐妹，你能不能给我点建议。"

"刘奶奶，这两套茶具，一套以草绿色为主调，上面有一些花纹的雕刻，比较精致小巧；另一套以白色为主调，上面有金色的边框，看起来简单大方。"我耐心地给刘奶奶介绍。

刘奶奶看着两套茶具，低头沉思了一会儿，说："那就拿这套草绿色的吧，我那个姐妹温婉文静，这个草绿色她应该会更喜欢。"

"好的，我让小英把茶具包装一下，放到盒子里面，您稍微等一下。"我边说边把茶具递给小英。

刘奶奶接过我泡的茶，说："好，帮我打包得好看点、结实点，因为一会儿还要托运。"

我让小英按照刘奶奶的要求把茶具包装好。五分钟左右，小英就把包装好的茶具拿过来了。刘奶奶查看之后很满意，准备付钱。

在付钱时，刘奶奶找到不手机，就把包里的东西都翻出来了，最后在包最下面找了手机，刘奶奶笑了笑，说："早上收拾时有点匆忙，包里太乱了。"

付完钱，刘奶奶就匆忙出发去机场了。

刘奶奶走了不一会儿，小英突然跑过来跟我说："小月姐，我在地上捡到了一张身份证，应该是刘奶奶的。"

我接过身份证看了一下，的确是她的，应该是在找手机时从包里掉出来了。

想到刘奶奶下午 2 点的飞机去三亚，耽误不得，我赶紧起身去拿挎包，对小英和小艺说："你们看一下店面，我把身份证给刘奶奶送过去。"

说完，我跑出茶店，叫了一辆出租车，赶去机场。

在出租车上，我联系上了刘奶奶，跟她说明了情况，并请她在机场外等我一下。

到达机场，我与刘奶奶确认了一下位置，顺利地将身份证交到了她手中。

看着手里的身份证，刘奶奶非常激动地说："年轻时，我和姐妹两个一起奋斗，后来因为有了各自的家庭分隔两地，快 20 年没见了，约好今天见面，如果没有身份证，我们就无法如期见面了。"

之后，我协助刘奶奶换好登机牌并办理了行李托运，送刘奶奶到安检口，等她安检完，进入候机大厅，我才返回茶店。

案例启示

一次阔别 20 年的相聚，对每一个人来说都是非常期盼的事情。如果刘奶奶因为没带身份证，不能如约和姐妹相聚，一定非常伤心、失望。店长及时把身份证送给刘奶奶，送出的还有一份服务顾客的真诚。顾客感受到的是我们的真心，其内心深处一定会被感动，这份真心会让顾客的忠诚度大大提高。

营销小知识

文化营销

文化营销强调企业的理念、宗旨、目标、价值观、职员行为规范、经营管理制度、企业环境、组织力量、品牌个性等文化元素，其核心是理解人、尊重人和以人为本，调动人的积极性与创造性，关注人的社会性。

在文化营销观念下，企业的营销活动应奉行以下原则：给予产品、企业、品牌以丰富的个性化的文化内涵。营销学中的文化营销指的是企业或组织以文化为主体进行营销的行为方式。

国际营销大师说："世界在消费麦当劳，其实是在消费美国快餐文化。作为优秀品牌，其在推广产品的同时，实际上是在推广一种生活方式和一种文化。"

服务场景 24

干洗被茶水弄脏的衣服，提升服务价值

人物画像

杨先生，一位自主创业的老板，经营 LED 照明材料，平时喜欢来店里买茶叶送人，是店里的老顾客。

案例回放

周一下午，外面天气有些阴沉，地面上还有些昨晚雪后留下的痕迹，来门店的客人也比往常少了一些。

“叮咚”，随着欢迎铃响起，我抬头往店门口看去，杨总走进门店。因为店里开着暖气，所以杨总进门后便把羽绒服脱下来，交给在门口迎宾的小溪，小溪接过后把衣服挂在了衣架上。

小溪请杨总到茶桌前坐下。

我微笑着对杨总说：“杨总，您可有段时间没来店里喝茶了。”

杨总说：“最近刚好接了两个大订单，比较忙。”

这时，水烧好了，我用敞口杯倒了一些开水，等水温降到 85 度左右时，我为杨总泡了一杯峨眉雪芽。

杨总接过茶杯，说道："谢谢，还是在你们这里好啊，环境优雅、轻松，让人心情愉快。"

"杨总，只要您喜欢，就常来喝茶！"我应和着。

"快年底了，事情比较多。对了，你给我拿一盒峨眉雪芽，明天送给合作商。"杨总接着说。

"好的，还是拿之前一直买的那一款吗？"我问杨总。

杨总点了点头。

"好的。"我起身去拿茶。

等回来的时候，我看见杨总正手忙脚乱地脱西服上衣，忙问："杨总，怎么了？"

杨总摆了摆手说："茶杯没拿稳，茶水洒在衣服上了，湿了一片。"

"您没烫伤吧！"我让小溪把杨总的羽绒服拿过来，为他穿上，以免着凉感冒。

"小月，没事，只洒在外衣上了。"杨总回答。

看着椅子上的衣服，我对他说："杨总，我们旁边刚好有家干洗店，我让小溪把衣服拿过去，请老板快速处理一下，20 分钟左右就好。"

"这会不会太麻烦你们了？"杨总说道。

我笑着说："不会麻烦的，我们和干洗店老板也是老熟人，我自己的衣服也是在那边干洗的，只是需要您在店里多等会儿。"

20 多分钟后，小溪拿着杨总的西服上衣回来了。

"小月，多少钱，我转给你。"杨总问道。

我告诉杨总不用钱，但杨总还是用微信给我发了个 30 元的红包，我没有收。

案例启示

顾客在门店消费时，如果发生意外，哪怕再小，都与我们息息相关，对于意外的处理能体现出我们的服务是否到位，也决定着顾客对门店的忠诚度和口碑。

在这个案例中，茶水不小心洒在衣服上，虽然顾客不会把责任归咎于门店，但我们积极处理的态度和行为，会让顾客心存感激，从而更加愿意选择到门店消费。

营销小知识

软文营销

软文营销是比较普遍的营销方式，撰写一篇相关主题的文章，植入一个商品，以此进行广告宣传。

软文营销是通过特定的概念诉求，以摆事实讲道理的方式使消费者走进企业设定的“思维圈”，以极其有针对性的心理攻击迅速实现产品销售。软文营销的具体形式有新闻、第三方评论、访谈、采访以及口碑。

软文营销是基于特定产品的概念诉求与问题分析，对消费者进行有针对性的心理引导的一种文字传播形式，从本质上说，它是企业软性渗透的商业策略以广告形式的表现，通常借助文字表述与舆论传播使消费者认同某种概念、观点或分析思路，从而达到对企业品牌进行宣传和产品销售的目的。

服务场景 25

资源共享，与健身会馆跨界合作

人物画像

梁先生，一位健身达人，在离茶店不远的地方开了一家健身俱乐部，经常来门店买茶。

案例回放

周三上午，梁总来到门店喝茶，我为梁总泡上一杯他喜欢的婺源绿茶，和梁总开启了闲聊模式。

“梁总，今天怎么这么早就来喝茶了？”我先开口。

“是啊，想来看看我们的小月啊！”梁总打趣道。

“谢谢梁总，应该是想我们店里的小溪吧！”我也跟他开起玩笑。

“小月，你真是伶牙俐齿，主要是今天上午我们健身馆休息，过来坐坐。”说着，梁总喝了一口茶。

闲聊几句后，我将话题转向经营方面，想跟梁总讨教一下经营思路。

“梁总，今年你们的生意怎么样？”我问。

“还是老样子，没有特别明显的发展，你们店呢？”梁总显然对健身房的经营不是很满意。

“我们茶店也差不多，销量增长不多，但是因为有像您这样的老顾客支持，总体是稳中有小幅增长。梁总，您见多识广，而且很会经营，有没有好的经营思路指点我一下。”我向梁总请教。

“小月，我也一直在思考，如何在不增加成本的前提下，扩大经营业绩，但是因为规模限制，客流稳定但增长难，还没有找到有效的方法。”梁总也觉得有些无奈。

确实，每家实体店都因为地理位置、经营规模和客流量等原因，获得业绩的小幅增长容易，但是要实现突破，难度非常大。茶店也一样，茶叶并不是消费频次很高的产品，多数茶店都是因为有稳定的老顾客，所以业绩还不错。

我一边和梁总交流，一边继续思考，有没有可能在不增加经营成本的情况下，实现业绩突破呢？如果有，突破点在哪儿呢？

“梁总，我想请教一下，你们健身馆的顾客是一群什么样的人呢？”我接着问。

梁总说：“健身馆的顾客以30~50岁的人群为主，其中男性占60%。”

我想：茶店的主力消费人群也是30~50岁的男性，在消费人群吻合的情况下，有没有可能实现茶店和健身馆的合作呢？

于是，我跟梁总说：“茶店和健身房的消费人群吻合，茶店的消费者有潜在的健身需求。而健身馆的顾客也有潜在的茶叶购买需求，如果双方合作，进行相互导流，就有可能在不增加成本的情况下，增加客流，进而促成业绩的提升。

梁总听了我的想法后，显得非常激动，立刻就同意了。我们当时就确定了合作方案：凡是在茶店购茶的顾客，赠送30元健身馆体验券；在健身馆消费的顾客，赠送30元茶叶抵用券，同时双方的会员卡在对方处消费都能享受折扣。

三个月后，双方的引流效果都不错，引流的顾客带来了5%左右的业绩增长。

案例启示

和顾客之间的合作，不要局限于自己的产品或服务，对于有资源的顾客，实现与他们的资源共享是突破业绩的重要策略，特别是那些与茶店的主要消费人群高度吻合的资源，更要重点对待。

每个商家都有其稳定的顾客资源，这些顾客资源在日常生活中的消费也是多元化的，两个不同商家的合作，其实在共享顾客资源的同时，也在满足顾客的多元化需求。在合作中，顾客能够互通有无，还能享受到优惠，商家也能获得更多的利益。

茶企小百科

百年茶馆丁合利——福鼎白茶、白琳工夫

福鼎白琳镇拥有近300年历史，最早可追溯到康熙年间，是清朝时福鼎茶叶经水路出口海外的重要集散地。

道光年间，茶叶贸易兴盛，福建和广东的茶商来到白琳镇开设店铺，从茶农手中收购茶叶，通过贸易将茶叶远销海外。到清末民初茶叶贸易最鼎盛时期，白琳老街有知名茶楼36家，包括始创于1910年的丁合利茶馆。

福鼎丁合利茶馆现有员工30人，运营中心设在长沙神农茶都，以“白琳老街”茶文化产业资源为核心，以福鼎白茶和白琳工夫为产品，向外输出茶叶原料、茶文化、茶叶品牌、茶店运营等整体方案设计。

服务场景 26

创意定制，顾客开心下单

人物画像

杨欣，名牌大学毕业的高才生，就职于某 IT 公司，喜欢喝福鼎白茶，是门店的老顾客之一。

案例回放

周日早上，我打开店门，准备迎接顾客。因为还不到十点，门店没有什么顾客，我和当班的小伙伴们便拿起抹布，对陈列的产品、货架和橱窗玻璃进行擦拭。

这时，杨欣走进茶店，大声喊着："小月姐，小月姐!"

我赶紧放下手中的活，对她说："杨欣，我在这儿，你先到茶桌那边坐，我去洗个手。"

回到茶桌前，我按下自动加水按钮，给水壶加上水，接着问："杨大美女，我给你泡杯红茶，如何?"

杨欣回答："好啊，我听朋友说，早上喝红茶对身体比较好。"

“没想到，我们的美女那么懂茶。其实人在经历了一夜睡眠之后，身体往往处于相对静止的状态，喝红茶可以促进血液循环，同时能够祛除体内寒气，让大脑供血充足。但是千万不要空腹喝茶，因为茶叶中含有咖啡因，空腹喝会让肠道吸收过多的咖啡因，导致心慌、尿频等不良反应。时间久了，还会影响人体对维生素 B 的吸收。”我给杨欣讲解了一番。

喝了一杯茶后，杨欣问我：“小月姐，我有一个闺蜜下周结婚，你觉得送什么礼物比较合适啊？”

“随礼一个红包吧！”我建议。

“小月姐，你太土了，红包没创意，我不喜欢！”杨欣说。

“呵呵，故意逗你的，红包不但没创意，而且没意义，95 后送礼应该送出新意。”我继续说道。

“就是，小月姐，你帮我好好想想吧。我一大早来找你喝茶，就是想听听你的建议。”杨欣说。

“原来这样啊，怪不得我们的大美女一早就来找我喝茶！”我笑着说。

我稍微思考了一下，问杨欣：“知道你闺蜜爱人的名字吗？”

在得到肯定的答案后，我对她说：“店里有款普洱生茶可以定制，把你闺蜜和她爱人的名字写上去，再写一句祝福的话，很有意义。”

杨欣说：“这个好！我就知道找你肯定有办法！”

我继续告诉杨欣：“普洱生茶能存放，时间越长越有价值，若干年后，当你的闺蜜和她爱人拿出来喝时，还会想到你，不但让友谊长存，还让友谊增值。”

“小月姐，这个纪念茶饼多少钱啊？太贵了我可送不起！”杨欣又问道。

“这个你放心吧，比你送红包还省钱。”我安慰她。

杨欣开心地下了单，说以后买茶叶还找我。

案例启示

当顾客把我们当作产品消费顾问时，就会特别愿意征求和听取我们的建议，这是顾问式销售的精髓。

顾客的需求是个性化的，如果能够根据顾客需求提供定制服务（创意营销），就会给顾客带来不一样的消费体验，从而带给她们更大的消费冲动。

营销小知识

视频营销

视频营销是基于网络平台，以内容为核心，创意为导向，利用精细策划的视频内容实现产品营销与品牌传播的营销方式。

视频营销是视频和互联网的结合，兼具二者优点：既有电视短片感染力强、形式内容多样、创意新颖等优点，又有互联网营销互动性、主动传播性强，传播速度快，成本低等优势。

视频营销比较常见的方式有两种：一是在正常的视频中插入广告或水印，另一种是打造自己的品牌，形成视频自媒体。

服务场景27

送老人回家，换来忠实顾客

人物画像

张奶奶，住在茶店旁边的小区，是一位退休老干部，喜欢喝红茶。

案例回放

今天是周日，天气格外晴朗，我们准备在旁边的小区门口做奉茶活动。

一大早，小溪和小艺两人就将促销桌、椅子、纸杯、活动用茶等搬到了小区门口。

在把物品整齐地摆放在桌子上以后，她们拿出茶壶泡上茶，倒在一次性纸杯中奉给行人品尝，并赠送礼品领取券。

这时，一位老奶奶提着一篮子东西，喘着粗气，来到奉茶台前，喝了一杯茶，但脸色有点难看。

老奶奶应该是身体不舒服，或者提的东西有点重，累着了，我请她坐下来休息会儿，并对小艺说："待会你送这位奶奶回去吧。"

小艺点了点头，对老奶奶说："奶奶，我送您回家。"

老奶奶拒绝了，但是当看到她再次提起篮子步履蹒跚时，我坚持让小艺送她回家。

小艺从老奶奶手中提过篮子，用另一只手扶住她，这次老奶奶没有拒绝。

10 分钟后，小艺回到摊位，告诉我："老奶奶姓张，是位退休老干部，平时家里只有自己和老伴儿，今天儿子一家要回来看他们，所以一大早就出去买了很多菜。"

一周转眼就要过去了，周五上午，上周末遇到的张奶奶来到店里。

我将她迎接到茶桌前，了解到她平时喜欢喝红茶后，我为她泡了款石墨红。

张奶奶喝了口茶，说："上周日非常感谢你们送我回家，要不是你们的帮忙，我可能都回不到家了。"

听到了她的话，我笑着说："张奶奶，没有我们送您，您也能平安回家的，我们扶您回家是件小事，别记在心上。"

张奶奶说："上次送我回家的那位姑娘，今天没来上班吗？"

我告诉她："小艺这周上晚班，要下午三点以后才来店里。"

张奶奶喝了一口茶，说："那位姑娘做事非常细心，一路扶着我，还帮我提东西，下午她来上班的时候，你替我谢谢她。"

"好的，张奶奶，我一定转达您的谢意。"我回答。

张奶奶接着问："姑娘，这款红茶是哪里产的，非常香。"

我给她介绍了这款产自安徽黟县的石墨红茶，张奶奶便买了一盒，又聊了一会儿，便开心地回家了。

后来，张奶奶经常来门店买茶叶，虽然每次量都不多，但是购买频率很高，偶尔也会带小区其他人来门店买茶。

案例启示

希尔顿饭店首任经理在一家旅馆当侍者的时候，一天夜里客房已满，他把自己的房间让给了一对旅途劳累的老人，这对老夫妻为了回报他，聘任他为希尔顿饭店的经理。

“勿以善小而不为”，在日常生活和工作中，有很多人需要帮助，有时候不经意的一个善举，可能会给我们带来意想不到的收获。

营销小知识

关联营销

关联营销已经在许多不同的产业中被使用，从化妆品、日用品到私人交通工具。比如，美国哈雷机车，就是个杰出的关联品牌。哈雷代表的是一种生活理念，从机车本身、相关商品到哈雷文身，消费者视哈雷为他们的标签。

关联营销包含感官、情感、思考与行动等层面。诉求是进行自我改进，让别人对自己产生好感，让自己和社会系统产生关联，从而建立个人与某种品牌的关联，同时让使用该品牌的人形成一个群体。

解忧篇

茶店茶馆为顾客提供服务的目的是满足顾客的各种需求，但是在顾客经营中，仅满足顾客需求还不够，还要力所能及地为顾客解除忧虑。因为满足需求是建立在交易关系上的，解除忧虑则是帮助顾客，是建立在朋友关系上的，性质不一样，带来的效果也不一样，而顾客服务的目的是感动顾客。

服务场景 28

帮顾客照看孩子，提升顾客认可度

人物画像

卢先生，老家在本市的一个偏远县，离市区 100 公里左右，18 岁来到市区打拼，经营小家电生意。

案例回放

周日上午，有段时间没来茶店的卢总带着儿子来茶店喝茶。

请卢总和孩子坐下后，我给卢总泡了一杯红茶，然后用另外一个杯子倒了 1/3 的茶，又加进去 1/3 的温开水递给孩子，并对他说："小口喝，别烫到了。"

看着孩子在小口喝茶，卢总说："小月，还是你有办法，平时在家里我让他跟我一起喝点茶，他都不愿意喝，老想着喝饮料。"

刚说完话，卢总的手机铃声响起，有电话打进来，他走到旁边接电话。

我继续和孩子聊天，聊中国历史中的茶文化。大概 5 分钟后，卢总接完电话走过来，表情有点奇怪。

我想卢总应该是有事，于是问他是否需要帮忙。

卢总说："一个客户要过来谈事情，可是孩子妈妈昨天回老家了，要晚上才能回来，带着孩子又不方便。"

想必这个客户对卢总来说非常重要。我想了想，对他说："卢总，您要是放心，就让孩子在店里面玩，我帮您照看，中午饭跟我一起吃。"

卢总听我这样说后，看了看孩子，又环顾了一下门店，确认顾客不是特别多，就对孩子说："垚垚，爸爸有事，你跟小月姐姐待一会儿，等我处理完事情就过来接你，好吗?"

没想到孩子非常高兴地说："爸爸，你去忙吧，我跟着姐姐玩儿，让她给我讲茶文化的故事。"

卢总又跟孩子说了一些"要听话，不要调皮"之类的话，就去忙他的事情了。

我给孩子讲中国茶文化，他听得非常入迷，同时，教他一些简单的品茶礼仪，比如有人给他倒茶，要弯曲食指、中指和无名指，在桌面上轻叩三下，表示感谢；再比如，给别人倒茶时，只能倒七分满，一是因为不会烫到客人或者让茶水洒出来，二是因为茶的香味不会很快散掉，品茶的时候能闻到香气。

中午，我给垚垚点了份鸡腿饭，孩子吃得非常开心。吃完后，我把他带到青竹阁包厢午睡。

大约下午 2 点，卢总回到店里。喝了一杯茶后，我领他到包厢，垚垚刚好也睡醒了，见到卢总，非常开心地要他抱。

临走时，卢总微信给我发了个 200 元的红包，我没有收。后来，卢总来茶店买茶的次数多了，有时还会介绍朋友过来买。

案例启示

在门店，除了做好一般的顾客服务，还应该力所能及地满足顾客的特殊需求。与销售相关的服务，是销售人员应该做的；与销售无关的事，如果我们做了，而且帮顾客解决了问题，顾客会从内心感激我们。

在这个案例中，店长小月遇到的问题就与销售没有直接关系，但实实在在地解决了顾客的难题，从而让顾客更加认可了茶店的服务。

营销小知识

病毒营销

病毒营销属于一种文案传播方式。病毒营销不是制造病毒，也不是传播病毒，而是让产品广告文案像病毒一样传播，属于一种传播方式。

在营销领域中，我们的广告文案就是“病毒源”，消费者的口碑就是传播手段，最终得到广告信息的用户就是“被传染者”。

服务场景 29

帮顾客处理停车罚单，提高顾客满意度

人物画像

黄先生，某贸易公司主管，为人慷慨大方，喜欢喝茶，经常来店里购买。

案例回放

星期一下午，黄总来到店里，因为明天要去拜访一个好友，想买些茶叶作为礼物。

交流后我得知，黄总的朋友喜欢喝武夷岩茶，所以就建议黄总买正岩的茶叶（产自核心产区），同时，建议他选择焙火三次的，因为口感会比较适合经常喝岩茶的人。

黄总听了我的建议，选择了价值 980 元的武夷岩茶。

在准备付款时，黄总发现手机不在身上，应该是落在车上了，于是就出门去拿，我安排小艺把茶叶给黄总打包好。

黄总拿手机回到店里时，我发现他脸色有点儿不对，好像遇到了不开心的事情，于是问他：“黄总，是不是遇到什么事了？能不能告诉我，看我有没有办法帮您解决？”

黄总说：“小月，刚才车被交警贴罚单了。”

原来，今天茶店的车位都停满了，黄总以为进店时间短，就把车停在了店外非划线位置，结果20分钟不到，就被交警贴了张罚单。

黄总用手机付款后去了洗手间。我看着桌子上的罚单，思考了一下，便把罚单收起来了。

黄总从洗手间回来后，发现罚单不见了，问我：“小月，你看到我刚才放在桌上的罚单了吗？”

我对黄总说：“罚单我已经处理了，您来我们门店消费，因为门店没有提供停车位而被交警贴罚单，这个责任在我们，我们不能让顾客带着不开心离开门店。”

“这怎么行，小月，我把罚款转给你。”黄总边说，边拿出手机要微信给我转款。

“黄总，没关系的，这是我们服务不到位造成的，理应由我们承担，而且我刚好有个闺蜜在交警大队上班，很容易处理的。”我编了个能说服黄总的理由。

“小月，太麻烦你们了。”黄总终于开心地离开了门店。

案例启示

在成本能承受的范围内，如果能帮助顾客解决问题，顾客对于门店或者品牌的忠诚度将大幅提高。

在这个案例中，如果不解决顾客的罚单问题，顾客的抱怨很有可能会转移到茶店。顾客因为来消费，而被罚款了，门店当然要出面处理，否则，轻则顾客以后不再来消费，重则连本次购买也放弃。当我们主动处理并承担责任时，顾客会觉得门店是有担当的，可以信赖的。

营销小知识

播客营销

播客营销是以播客为主要传播载体的营销方式，更通俗地说，播客营销就是通过播客来推广。播客指的是一种在互联网上发布文件并允许用户订阅，以自动接收新文件的方法，或用此方法来制作的电台节目。

对于广告主而言，成本低廉是播客营销最大的吸引力，只需要很少的费用，就可以把产品信息推送到特定消费群体中去。同时，由于播客的目标群体有很明显的共性，使得播客广告的效果也非常显著。

服务场景 30

亲自为顾客洗车，让顾客愉快拜见女方父母

人物画像

吴先生，经过多年打拼，成为一家公司的主管，事业小有成就，为人憨厚老实，做事认真。

案例回放

一天，我正在店里上班，从店外传来“倒车，请注意”的提示音。我抬头望去，看到一辆满是灰尘的轿车，细看车牌，原来是顾客吴先生的车。

这时，小艺走到门边，在吴先生进门前，将门打开，把吴先生迎进店内。

今天的吴先生与往常不太一样，穿了一身得体的西装，非常帅气，不过他进门后一直在低头看手机，似乎在等重要消息。

为吴先生递上一杯茶后，我开玩笑地说：“吴先生，今天穿得这么整齐，是要去约会吗？”

吴先生抬起头来，不好意思地说："今天还真是去约会，我刚刚一直在等我女朋友回信。"

他看了一眼手机，继续说："小月，你们这里有没有适合老人喝的茶叶？我想买一些送人。"

"有啊，黑茶、绿茶、普洱茶、红茶，都适合老人喝。"

吴先生听完低头沉思了一下，说："我下午要去见我女朋友的父母，想买点茶叶送他们。不过我不太会选，记得我女朋友说过，她父亲有点儿胖，你帮我推荐一下送什么茶比较好？"

我为吴先生续上茶，说："我觉得对于偏胖的人来说，黑茶是个不错的选择。专家研究得出的结论是，黑茶具有降脂、防止动脉硬化的作用。"

吴先生听了后说："这个好，那就给我拿一盒黑茶，要最好的。"

"没问题。"我叫来小敏，让她去拿黑茶中的茯砖。

吴先生仔细看后，十分满意，说："我就拿这款了。"

当我无意间再次看到外面的轿车时，我思考了一下，对他说："吴先生，下午就开这辆车去吗，有点脏啊！"

吴先生回答："是呀，最近太忙了，都没时间去洗车，车子确实该洗洗了。"

我又望了一眼吴先生的车，说："距离我们这里最近的洗车店，开车需要 20 分钟左右，来得及吗？"

吴先生惊讶地说："那来不及了，我一会儿还要去我女朋友的公司接她，再去买些其他礼物。"

"吴先生，如果你不介意的话，我们店里有水管，我帮你冲洗一下，但肯定没有洗车店洗得干净。"我对吴先生说。

吴先生回答："小月，我肯定不介意。你帮我解决问题，感谢还来不及呢。"

我请他坐下来继续喝茶，然后，安排小溪和小芬一起拿着水管去洗车。大约15分钟以后，车被清洗干净了，吴先生十分高兴地去接她女朋友了。

案例启示

有一个很重要的销售沟通技巧，就是观察。仔细观察，有时候能发现客人们的隐藏需求。虽然这些需求有的和我们的经营没有直接关系，我们也无法提供专业服务，但是当我们竭尽所能为顾客解决时，顾客同样会感动和欣喜，同时，提高顾客对门店的认可度。

茶企小百科

婺牌茶业

婺牌茶业（婺源县华源茶业有限责任公司），始创于2003年，来自“中国醉美乡村——梦里老家”江西婺源。公司创始人兼董事长陈大华是一位具有开拓精神和前瞻性的实干型企业家，拥有二十多年茶叶种植、生产加工和市场运营经验。

婺牌茶业以“让天下人有好茶喝，会喝好茶，喝幸福茶”为宗旨，深耕茶菊产业三十年初心不改，以婺源五宝系列产品——大宝婺源皇菊、二宝婺源绿茶、三宝婺源白茶、四宝婺源红茶、五宝婺源茉莉花茶立足江西、面向世界。

婺牌茶人使命：学茶，爱茶，一生许茶，振兴华茶，为世界茶民服务！

服务场景 31

帮顾客寻找稀有茶叶，顾客主动转介绍客户

人物画像

宋爷爷，退休多年，平时喜欢泡茶、打太极、下象棋等，是一位慈祥的老人。

案例回放

周三一大早，宋爷爷就来到茶店，还没坐下来就问我："小月，你听说过××茶吗？"

"宋爷爷，我听说过，不过这款茶目前市面上非常少，属于珍品。怎么了，您想买吗？"我问道。

宋爷爷说："小月，爷爷今天来是想请你帮个忙，你经营茶叶那么多年了，一定有很多渠道采购茶叶。"

我请宋爷爷坐下来，泡了一杯茶递给他说："宋爷爷，您别着急，慢慢说，如果是我能帮上忙的，我一定竭尽所能。"

宋爷爷双手捧着茶杯说："我有一个老战友，之前喝过几次这款茶，

特别喜欢。最近他生病住院了，昨天我去看他时，他跟我念叨想要再喝一次，我想着尽量能满足他的心愿。”

沉思了一会儿，我对宋爷爷说：“目前，在咱们这边的市场已经很难找到这款茶了，不过在某某省应该还有。”

听我这么一说，宋爷爷的眼睛亮了起来，说：“能找到太好了，不过你说的地方太远了，我去不了啊。”

我笑了笑，说：“宋爷爷，我过几天刚好要去那边进一批货，我顺便帮您问问。”

宋爷爷非常兴奋地说：“小月，太感谢你了，我昨天晚上也问过其他人，他们都说太难找了。”

又坐了一会儿，宋爷爷便回去了。

几天后，我在该省一位经营茶叶 30 多年的孙总处，找到了这款茶的信息。

孙总告诉我，这款茶在一位茶文化大师的手中或许会有，并给了我这位大师的地址、电话。

但是，当我找到这位大师的时候，他死活不肯卖给我，最后我给他讲了宋爷爷的故事，他才勉强答应给我三泡。

茶叶采购完成后，我回到店里，第一时间联系了宋爷爷。

宋爷爷来到店里，特别激动，聊了几句后，就拿着茶叶，去医院看老战友了。

事后，听宋爷爷说，并不是他的老战友喜欢这款茶，而是老战友的妻子生前最爱这款茶。当再次看到这款茶时，他仿佛看到了妻子，相思之情得到弥补，精神状态也好转了，病情好像减轻了很多。

之后，宋爷爷和他的战友经常来店里喝茶，还介绍了好几位朋友来门店买茶。

案例启示

当顾客找我们解决与销售无直接关系的问题时，说明顾客对我们是认可的，如果能够帮他们解决，将大大提升顾客和门店的紧密度。为顾客解决销售以外的问题，虽然不是销售中必须提供的服务，却是增值服务，是最能让顾客产生感动的服务。

营销小知识

感性营销

感性营销是在感性消费时代应运而生的一个营销新概念，因被越来越多的经营者理解和接受，成为时下营销领域中一道亮丽的风景。

感性营销就是营销活动的情感化，将情感这根主线贯穿于营销活动的全过程。主要有两方面的意义：一是要研制开发出富有人情味的产品（或服务）；二是要采用充满人情味的促销手段。

服务场景 32

帮顾客缝拉链，顾客心存感激

人物画像

周女士，一家四星级酒店公关部经理，因为需要送茶叶给客户，经常来店里购买茶叶。

案例回放

下午 3 点，阳光明媚，曾经来过茶店一两次的周小姐走进来。

我正准备引导她坐下来喝茶，她却着急地说："小月，我就不喝茶了，我来选款茶叶。"然后朝货架走去。

我回答："周总，您买茶叶是自己喝还是送人呢?"

周小姐说："小月，我马上要去拜访一位客户，想送他福鼎白茶，你帮我介绍一下。"

我走到另一边的货架旁，从上面拿下三款茶叶给她看，并介绍："这是我们店里的三款白茶，分别是白毫银针、白牡丹和寿眉。"

周小姐接过其中一个茶盒，认真看了一下，问："这几款茶有什么区别呢?”

“白毫银针鲜爽、毫香充足，白牡丹花香馥郁，寿眉汤水醇厚，会带些花香和草药香，这款寿眉已经存放了三年。”

周小姐看看手中的茶，又看了一眼手表，说：“那就要这款寿眉吧。”

知道周小姐赶时间，我赶紧安排小敏为她打包，自己带她去收银台买单。

来到收银台前，周小姐把侧背的背包转到身前，当她拉开拉链准备拿钱包时，拉链头因为背包拉链脱线掉了出来，周小姐顿时有点尴尬。

我赶紧问：“周总，背包的拉链脱线了吗?”

周小姐拿着包，着急地说：“是的，真糟糕，我不能这样去见客户，虽然不一定被客户发现，但背一个拉链坏了的包是对客户的不尊重，会影响拜访效果。”

“周总，您别着急，这个拉链头在我们店里掉出来也不是坏事，如果您在客户面前拿资料时拉链头掉出来会更尴尬，我帮您看看是否能缝上。”

我从周小姐手中接过包并拿过拉链头，仔细看了看，确定能缝好，便请她在茶桌前稍微坐会儿。我去休息室拿来针线，将拉链头复位，然后把脱线的地方缝好，并检查了拉链能否正常使用。确认没问题后，我把包递给周小姐，请她再次检查一下。

周小姐接过包，来回拉了两次拉链，确认没问题后，兴奋地对我说：“小月姐，真想不到，你不但经营茶店厉害，针线活也这么厉害，我得好好向你学习。”

我从小敏手中拿过打包好的茶叶，把周小姐送到店门口后，把茶叶递到她手中，并祝她拜访客户成功。

案例启示

面对顾客遇到的突发状况，如果能帮顾客解决问题，顾客将心存感激。

在这个案例中，顾客背包的拉链头掉了，是件非常小的事情，但正赶上顾客马上要去见客户，所以非常着急。店长为她解决问题后，没有耽误她拜访顾客，所以顾客非常开心。举手之劳，却让顾客心存感激。

营销小知识

服务营销

服务营销是企业在充分了解消费者需求的前提下，为充分满足消费者需求，在营销过程中采取的一系列活动。

服务作为一种营销组合要素，真正引起消费者重视是在20世纪80年代后期。这一时期，由于科学技术的进步和社会生产力的显著提高，产业升级和生产的专业化发展日益加速，一方面使产品的服务含量，即产品的服务密集度日益增大；另一方面，随着劳动生产率的提高，市场转向买方市场，收入水平的提高使得消费需求层次也相应提高，并向多样化方向拓展。

服务场景 33

帮顾客接孩子，顾客坚定下单

人物画像

钟女士，商贸公司经理，优雅、有气质，做事果断、干练。

案例回放

周五下午 5 点，我手机铃声响起，一看是顾客钟小姐的电话。我接起电话，听到钟小姐在电话里非常着急地说："小月姐，能不能请你帮我接一下孩子，我在回市区的路上，但是堵车，来不及接孩子了。"

"钟小姐，你别急，我这就去接。你家蛋蛋在哪个幼儿园？老师姓什么？电话多少？"我一边安慰她，一边问清楚信息。

"蛋蛋读的是曙光幼儿园，离你们店大概 3 公里，老师姓李，她的联系方式我微信发你。"钟小姐回答。

"钟小姐，我现在就去，麻烦你打电话告诉老师一声。"我边说边准备出发。

我找小敏借了电动车，在手机导航的指引下赶往幼儿园。

大约十分钟，我便到了幼儿园门口，看到一位老师正带着蛋蛋在幼儿园的栅栏门内玩。

和老师打完招呼后，确定孩子就是钟小姐的儿子蛋蛋，我对老师说了事情的来龙去脉。

老师之前已经收到了钟小姐的消息，在确认完我的信息，并登记了我的联系方式、电动车牌照号码后，同意我把孩子接走。

但是，因为蛋蛋之前没有见过我，所以不愿意跟我走。这时，我打开微信，和钟小姐进行了视频连接，让孩子看到了妈妈。

钟小姐在视频中做了蛋蛋的安抚工作后，孩子礼貌地和老师说“再见”，便跟我一起离开了幼儿园。到门店后，我给蛋蛋倒了一杯温开水，拿了一个面包，让他坐在小茶椅上，用手机看《熊出没》。

把孩子安排好以后，我用微信给钟小姐发了语音，告诉她孩子已经接到门店，不用急，慢点开车，注意安全。

30 分钟左右，钟小姐来到了门店，看到孩子后，对我说：“小月姐，真是太感谢你了，这一路堵车太厉害了，老师又一直催，没办法，只能请你帮忙。”

“钟小姐，不用那么客气，小事而已，你能让我帮忙接孩子，说明对我的信任和认可，我非常开心。”

时间接近 6 点，钟小姐要回家做饭了。喝了一杯茶后，她带着孩子回家了。

半个月后，钟小姐来到店里，说她们公司下个月要举办“10 周年庆典”，需要采购一批茶叶，其中贵宾礼盒 200 份，普通礼盒 50 份。

确定完礼盒规格、采购价格和交货时间，她把这个总金额 5 万元的采购单给了我们门店。

案例启示

当顾客需要帮助时，我们应尽所能去帮，这不仅仅是在帮助顾客解决问题，更是在帮助我们自己维护与顾客的关系。有一点我们要明白：顾客请我们帮忙，是缘于对我们的认可与信任。通过帮助，能够有效拉近与顾客的心理距离，变顾客为好友，让顾客产生感动，为后续消费奠定坚实基础。

营销小知识

整合营销

整合营销是对营销工具和手段的系统化整合，是一种需要根据环境进行即时动态修正，以使交换双方在交互中实现价值增值的营销理念与方法。

整合营销把独立的营销活动整合起来，以产生协同效应。这些独立的营销活动包括广告、直接营销、销售促进、人员推销、包装、事件赞助和客户服务等。

整合营销理论产生并流行于20世纪90年代，是由美国西北大学市场营销学教授唐·舒尔茨提出的，以消费者为核心重组企业行为和市场行为。

服务场景34

借雨伞，邻居变顾客

人物画像

严先生，在市区开一家水暖五金店，住在茶店旁边的小区，在一次社区拓展活动中认识。

案例回放

周日下午，天气突然变暗，不一会儿，大雨倾盆而下，冲洗着整个城市。

透过玻璃，我发现有三个人影从远处快步跑向门店，在走廊停下后，不停地用手拍打衣服上的雨滴。

我打开店门，准备邀请他们到店里避雨，走近才发现是严先生一家人。

“严总，你们快进店里休息会儿，这个走廊比较窄，雨下得那么大，水会淋到你们身上的。”我跟严总一家说。

严先生听到声音，转过头来，惊讶地看着我，说：“小月，原来你在这家茶店上班啊，上次见面之后，因为太忙，一直没来找你喝茶。”

这时，严先生爱人说：“小月，谢谢你，我们就不进去了，衣服都在滴水，等雨小点儿，我们就跑回去。”

我瞥了一眼正下着的大雨，对严先生一家说：“你们等我一下。”

说完，我急匆匆地跑进店里，准备找两把雨伞给他们。但是，从服务台只找到一把，于是，我问小艺和小芬是否带伞了，小芬丝毫没有犹豫，就把伞拿给了我。

我拿着两把雨伞，转身出店，来到严先生身边，说：“严总，这两把伞你们先用。”

严先生看着伞，有些意外，摇了摇头说：“小月，不用了，雨应该一会就小了，而且我们离家就几步路了。”

“严总，这伞又不是什么贵重东西，你们衣服都湿了，很容易感冒，特别是嫂子和孩子。”

话刚说完，“哈啾”，一旁的孩子打了个喷嚏，应该是有点着凉了。

严先生低头看了看孩子，与妻子对视了一眼，便接过雨伞说：“小月，真是太感谢你了!”

严先生将大点的雨伞给了妻子和孩子，自己拿着小的那把，拎着满手的东西回去了。

傍晚，雨停了，我和小艺、小芬正准备吃饭，这时严先生来到店里，把伞还给了我们，聊了一会儿之后，他买了一盒 900 元的茶叶，同时，还转达了她爱人的邀请——请我们去他家做客。

后来，严先生还介绍了许多朋友来我们店里买茶。

案例启示

在销售哲学中，有一条是做销售先做人。我们在茶店上班，从事的是对产品或者服务的销售，当我们通过一些力所能及的行为，建立起人设后，顾客的感动便会转化为对门店产品或者服务的支持。这时，销售将由门店主动转变为顾客主动，成交也变得非常顺畅。

在这个案例中，雨中借伞，建立了店长的正面人设；还伞时，顾客主动买茶，并在日后主动介绍朋友买茶，都是因为顾客心中充满了感动。

营销小知识

大市场营销

大市场营销是传统市场营销组合战略不断发展的结果。该理论由美国营销学家菲利浦·科特勒提出，他指出企业为了进入特定的市场，并在那里从事业务经营，在策略上应协调地运用经济、心理、政治、公共关系等手段，以博得国家或地方各方面的合作与支持，从而达到预期。

服务场景 35

为顾客化解尴尬，顾客成为大客户

人物画像

张先生，文具公司老板，喜欢喝茶，经常来门店买茶，也带朋友来店里喝茶。

案例回放

周五晚上，茶店进来五位客人，应该是需要在店里洽谈事情，小溪把他们引导到雅韵阁包厢。

了解了顾客平时喜欢喝的茶叶后，小溪拿了三泡茶叶，为他们泡上一泡，在征得顾客同意后，走出包厢。

大约一个半小时后，几位客人走出包厢，在大厅货架前看产品，其中一位顾客在紫砂壶货架前驻足，拿起一个紫砂壶仔细地看，这时小溪走过去，为这位顾客详细地讲解这款紫砂壶。

顾客认真地听小溪讲解，并不时地询问与紫砂壶相关的问题，确定顾客喜欢紫砂壶后，小溪对他说："老总，这款壶我们店里只进了 5 把，已经卖了 3 把，就还剩下这 2 把，您来一把吧。”

顾客问完价格后，决定买一把。这时，另外一位顾客走到收银台前，对小艺说：“紫砂壶的单由我来买。”

当小艺为顾客开好销售单据，顾客拿出钱包准备付款时，却发现现金差了 300 元，而当时门店没有刷卡系统，微信支付还没有启用。

这位顾客非常尴尬，也很着急，想买紫砂壶的顾客是他生意上非常重要的伙伴，这件事会对双方合作产生微妙的影响。但是现金确实不够，怎么办？

因为是第一次来店的顾客，大家互不熟悉，小艺不敢自作主张，于是请顾客稍等，然后到泡茶台，把来龙去脉告诉了我。

我和正在接待的顾客打了个招呼后，便随小艺一起来到收银台，对这位要买单的顾客说：“没关系，不够的款，您改天再来补上。”

顾客非常感动地对我说：“太感谢了，明天我一定过来把款补上。”同时，他拿出身份证要押在这里。

我赶紧拦住顾客的手说：“不用押身份证，不过要请您在销售单上备注一下，签个名字，留个联系电话。”

顾客签完名后，给了我一张名片，我才知道他是一家文具公司的老板。

第二天一天过去了，这位张总没有来茶店，也没有给我们打电话，小伙伴们都觉得顾客不会主动来补钱了，并建议我打电话给他。

我请小伙伴们放心，顾客如果真的不来补，300 元钱由我自己补上。

第三天一大早，张总来到店里，说昨天陪了客户一天，实在没时间来茶店，他一再感谢我们帮了他，没有让他尴尬，随后不仅把差的 300 元货款补上了，还买了 1500 多元的茶叶。

案例启示

人总会有尴尬的时候，销售过程中也会遇到。面对这样的情况，销售人员要懂得为顾客化解尴尬，保留顾客的尊严。

在这个案例中，张总的尴尬是朋友看中了产品，但自己钱不够，如果不能成交，就会让顾客在朋友面前失去尊严，甚至影响他们的合作。在这种时刻，给以信任，为张总化解尴尬，顾客自然会心存感激，成为门店的忠实顾客。

茶企小百科

湖南云上茶业

云上茶业是一家以安化黑茶为主要产品的全产业链企业，茶园与厂房都建在安化黑茶原料核心产区云台山，现有生态有机茶园11000多亩，高标准生产厂房与茶文化体验中心220亩。

公司一直坚持“全息自然农法，还茶于自然”的原则，秉承“原产地、原叶料、原地加工”的发展理念，为消费者提供天然、健康、纯正、高品质的安化黑茶。

迄今，公司已获得“国家有机产品认证”，成为湖南省农业产业化龙头企业；同时，还荣获“中华生态文明茶园”“中国三十座最美茶园”“湖南省绿色食品示范基地”等称号与荣誉。

服务场景 36

免收包厢使用费，顾客开心买茶

人物画像

方先生，外贸公司总经理，性格温和友善，戴着一副金边眼镜，喜爱茶道，经常来店里购买茶叶。

案例回放

“叮铃铃”，清脆的铃声响起，有电话打进来了。我拿起手机一看，是方总打来的：“方总您好，我是小月。”

“小月，你好，下午包厢还有空的吗？我要预订一间，时间是 3 点到 5 点。”

今天是星期二，我翻看了一下预订记录表，下午的包间只有雅韵阁预订出去了，便回复：“方总，青竹阁和幽兰阁还没有被预订，都可以用来接待客人，青竹阁比幽兰阁大一点儿。”

“那就青竹阁，我下午会提前半个小时到你们门店。”方总和我确认包厢。

挂断电话，我叫来小艺，让她去青竹阁看看，还有什么需要准备的。

下午两点半左右，方总来到门店，我将方总请到青竹阁包厢。

方总环顾了一下青竹阁，说："小月，你们包厢里没有鲜花吧？一会儿要来的是一位外国客人，他很喜欢中国茶叶，想来品尝一下。不过，他有花粉过敏症，不能接近鲜花。"

我将准备好的茶倒入茶杯中，放到方总面前，说："方总，请放心，我们门店只有幽兰阁有一盆兰花，其他地方没有鲜花，青竹阁这里摆放的是两盆富贵竹。"

方总拿起茶杯喝了一口，说："好，那就没问题了。"

他放下茶杯，从旁边的公文包里掏出两份文件，看了一下桌面，发现并没有特别好的地方能够摆放文件。

我察觉到方总的表情后，起身把茶桌上的一些摆设拿走，放到一旁的柜子上，用湿毛巾擦了一下桌面，又用干毛巾擦干水。

迅速做好这些后，我微笑地对方总说："十分抱歉，我们居然没有考虑周全，现在您可以放心地把文件放在桌子上了。"

方总也微笑着说："没事，这样收拾一下就非常好了。"

15：10，客人还没有来，方总给客人发了信息，询问他到哪里了，但客人没有回复。于是，方总起身到门店外给客人打电话，但没有打通。

15：40，客人发来信息，告知航班取消，今天来不了了。

方总看完信息，抬起头来，充满歉意地对我说："小月，今天客人来不了了，包厢多少钱，我转给你。"

"方总，您的客人没来，包厢钱就不用付了，我也只是给您泡了一壶接待用的茶而已，这些都是我们应该做的。"

方总说："谢谢你，小月，如果下次客人过来了，我还来你这里。"

"感谢方总的支持，下次我们一定会准备周全。"我回答。

方总收拾好文件，走出青竹阁，在大厅货架前浏览了一番，购买了一款800元的新茶，说要带回去送给客人。

案例启示

在门店服务中，如果能给顾客带来安慰，而且没有增加服务成本或者造成利润损失，我们应该努力去做。

在这个案例中，顾客方总因为客人没来，心理会产生失落感，但他占用了包厢，对于门店来说，收取包厢费是合情合理的，然而这样做却有可能降低顾客对门店的认可度，因此，销售人员采取了免包厢费的策略，去平衡顾客心中的失落，从而有效地提高了顾客对门店的认可度，也让顾客更加忠诚于门店。

营销小知识

综合市场营销

综合市场营销是一种市场营销沟通计划，即在计划中对不同的沟通形式，如一般性广告、直接反应广告、销售促进、公共关系等的战略地位做出估计，并通过对分散的信息加以综合，将以上形式结合起来，从而达成目的明确的、一致的及最大限度的沟通。

综合市场营销可以带来更多的信息及更好的销售效果，它能提高公司在适当的时间、适当的地点把适当的信息提供给适当的顾客的能力。

服务场景 37

借打车费用给顾客，顾客一次性买 5 斤茶叶

人物画像

杜先生，某展架公司总经理，喜欢喝铁观音，偶尔会来门店买茶。

案例回放

一个周五，春风拂面，阳光明媚，让人心情愉悦。因为我今天排班是晚班，所以，下午两点半，我来到茶店准备上班。

大约 5 点，杜总风风火火地走进茶店，大声喊："小月！小月！"

我赶紧从泡茶台前站起来，走向杜总，问："怎么了，杜总?"

"小月，你借我 23 元现金，我要赶紧去把打车费付了。"

我拿出钱包，发现里面只有 50 元和 100 元的，没有零钱。

我走向服务台，问当班收银员有没有 3 元零钱，结果收银员那也没有。

"杜总，我这没有零钱，您就拿 50 元吧。"我跟杜总说。

杜总拿着 50 元，出去支付了车费，然后回到店里。

我邀请杜总在泡茶台前坐下，给他倒了一杯刚煮的普洱熟茶。

杜总喝完一杯茶后，对我说："小月，刚才太感谢你了，原本准备到附近的一家公司办点事情，结果下车准备给司机支付打车费时，手机没电关机了，钱包也没带。正着急的时候，我想起你们茶店就在附近，于是就让司机把车开到茶店门口，然后进来找你借钱支付车费了。"

"杜总，没关系的，小事情啊，谁还不会遇到几次尴尬的事呢！记得我有一次出去办事，在坐公交车时发现钱包里只有100元的，一个硬币都没有，司机又不能找零，正在左右为难时，一位大学生帮我交了1元钱。"我安慰杜总道。

"小月，你这有充电器吗？借给我用一下。"杜总问。

我到服务台拿了一个快速充电器，插在泡茶桌下面的电源板上，然后请杜总把手机接上电源充电。

"小月，最近你们到了什么新茶吗？"杜总问我。

"杜总，上周一店里新到了白毫银针，我泡给您喝。"我回答。

"白毫银针是好茶，不过最近我喜欢口感重点儿的茶叶。"杜总说。

知道了杜总的口感需求后，我想起上个月进的单枞茶，其中有款鸭屎香，口感非常不错。

于是，我请杜总稍等，然后去仓库找出了这款单枞茶。

重新清洗茶器后，我为杜总泡上了鸭屎香。

没想到，喝到第三泡时，杜总就喜欢上了这款茶叶。问完价格后，直接买了5斤。其中1斤用礼盒装好，准备待会办事时送给朋友，剩下4斤留在了店里。

把单枞茶喝完，手机也充满电了，杜总打开手机，支付了茶叶款和先前的打车费后，愉快地离开门店找朋友办事去了。

案例启示

在生活或者工作中，每个人都会遇到尴尬事，需要别人的帮助。当门店的顾客发出这种求助时，我们应该尽力帮助他们解决，因为顾客的这种求助，其实是对我们的信任和认可，我们对顾客的帮助，是在用较少的成本提升顾客对门店的忠诚度，最终得到的是顾客对门店利润的贡献。

营销小知识

个性化营销

在个性化营销中企业把对消费者的关注、对消费者个性需求的满足推到了中心地位。

企业与市场逐步建立起一种新型关系，建立消费者数据库和信息档案，及时了解市场动向和顾客需求，向顾客提供一种更有针对性的销售和服务。在这种情况下，顾客可以根据自己的需求提出商品性能要求，企业尽可能按顾客要求进行生产，迎合消费者的个别需求，并应用信息，采用灵活战略适时地加以调整，以生产者与消费者之间的协调合作来提高竞争力，以多品种、中小批量混合生产取代大批量生产。

服务场景38

雨中送伞，换来忠实顾客

人物画像

陈女士，是一家贸易公司的老板，也是一位性格独立的单亲妈妈，儿子8岁。

案例回放

星期二下午，天有点阴沉沉的，似乎大雨随时都会倾盆而下。

小艺拿着一个玫红色的茶盒走了过来，将茶盒放在桌子上，说：“小月姐，贸易公司陈总上次定制的中秋节茶盒样板已经做出来了。”

我抬头看了一眼茶盒，说：“好的，先放在收银台，一会陈总来了记得提醒我一下。”

小艺点了点头就去忙了。

“轰隆”一声雷响，接着就下起了瓢泼大雨。

我看了一下手表，已经5点了，到了和陈总约定的时间，但是陈总还没来。

我看了眼雨势，决定给陈总打电话，“嘟嘟，嘟嘟，嘟嘟”，持续了快半分钟，电话终于接通了。

“喂……”电话那边传来陈总的声音。

“喂，陈总，我是小月，您到哪里了？现在下着大雨，需不需要我去接您一下？”我问道。

“小月，我今天可能没办法去你们店里了，我家孩子发烧了，我带他去看医生，现在刚到医院，准备找停车位。”陈总有点着急地说。

“啊，孩子没事吧？你们有没有带伞，雨下得这么大，千万别让孩子再淋雨！”我赶紧问。

“小月，你这一问我才想起来，刚才走得太急，忘记带雨伞了！”陈总更着急了。

“陈总，你们去的是哪家医院，发定位过来，我去给你送伞。”我说。

“谢谢，我马上用微信给你发定位。”说着，陈总挂了电话。

看了陈总发给我的定位，我知道她们去的是离门店不远的一家妇幼医院。

考虑到堵车的原因，我让小溪骑来她的电瓶车，一起出发去医院。

到达医院后，我和陈总确认了一下位置，将电瓶车锁好，和小溪一起来到了她的车旁。

我敲了敲车窗，陈总看到我们，把车窗降下来，我对她说：“陈总，我们一起带孩子进医院吧。”

“好，麻烦你们了。”陈总说。

陈总抱着孩子从车里出来，我用伞遮着陈总和孩子，快步向门诊大楼走去。

进入一楼大厅，我让陈总和孩子在一旁等着，我去挂号，然后一起去看医生。孩子看完医生后，我坐着陈总的车，把她们护送回了家。

三天后，陈总确定了中秋礼盒订单，后来还为我们推荐了不少顾客。

案例启示

生活中微不足道的小事，有时候却能给人带来温暖和心灵的慰藉。销售中也一样，对顾客随口的一句关心，下雨时的一把伞，面带微笑的一次接待，都能换来顾客的感动。

在这个案例中，销售人员给陈总送去的不仅是温暖，更是实实在在的帮助。

营销小知识

创新营销

创新是企业成功的关键，企业经营的最佳策略就是抢在别人之前淘汰自己的产品，创新包括营销观念的创新、营销产品的创新、营销组织的创新和营销技术的创新。要想创新，市场营销人员就必须随时保持思维弹性，让自己成为“新思维的开创者”。

创新需要打破旧有思维、经验和偏见的束缚，将“死知识”转化为“活智慧”，发挥想象力，将营销策划工作推向新的高度。营销策划本身就是一种创新型的思维活动，其最终目的就是让人们对产品或服务产生充分的信任和信心，从而激励他们去购买，为企业带来利润。任何创新都必须达到吸引和留住消费者的效果。

服务场景 39

为顾客调换已拆包茶叶，拉近与顾客距离

人物画像

余萍，广告公司设计总监，是位非常有孝心的人，偶尔喝茶。

案例回放

星期天早上，我刚打开店门，准备接待顾客，就见余萍走进门店。

“余总，怎么一大早有空来店里喝茶啊，这可不是你的风格，以往的星期天，你都是睡到自然醒的。”我和她轻松地打招呼。

“小月姐，可不是嘛，今天我爸妈要回老家，待会要送他们去坐动车。”余总回答。

“哦，那我能为你做什么吗？要不就是昨天晚上你又喝酒了，还没醒酒，要我帮你开车！”我半开玩笑地说。

“才没有呢，我爸妈来的这段时间，我都没沾过酒。”余萍回答。

“小月姐，是这样的，我昨天下午在你们店里买了一款红茶，本来是我爸要带回去送给他的一位好朋友的。”余萍接着说。

“是的”。我点头示意了一下。

“小月姐，你能帮我换一下吗？因为我爸不懂茶，他只记得朋友平时喝的茶叶名里有个‘红’字，就以为是红茶。结果，茶叶拿回去后，他拆开喝了一泡告诉我，这个茶叶不是他们平时喝的。

我当时就觉得很奇怪，不是有个‘红’字吗？那怎么不是红茶呢？

我爸想了会儿，说他们喝的茶有股火味，而且口感喝起来很重。我感觉焙过火的茶口感比较重，是不是乌龙茶啊？小月姐，你帮我想想，我老爸到底是要什么茶？”余萍解释道。

“余总，如果我没分析错的话，你爸想要的应该是大红袍，因为大红袍里面有‘红’字，所以他误以为是‘红茶’，大红袍在加工的时候需要焙火，口感偏重。”我说道。

“小月姐，有道理，那你能帮我换大红袍吗？”余萍把手中的红茶拿给我。

我一看，茶叶包装已经被拆开了，而且少了一泡。

“小月姐，因为被我爸打开喝了一泡，如果不能换也没关系的，我直接再买就行。”余萍补充道。

按照门店的规定，拆开了包装的产品是不能换的，但是在茶店经营过程中，需要更换茶叶或者直接退货的顾客是非常少的，像余萍这种拆开包装，又喝了一泡后需要更换的情形基本没有。正是因为这样，所以我私下觉得与其让顾客不开心，不如给以满足，让她更忠诚于门店。

“余总，没有关系的，这个包装没有损坏，只需要封一层外膜就可以了，还能再次使用，我这就为你更换茶叶。”我边说边走向货架，去拿大红袍。

我拿出两盒大红袍并打好包，然后拿出两个保温杯作为赠品，一并交给余萍。余萍开心地补了差额，离开了门店。

案例启示

在销售过程中，会出现因为顾客不懂茶叶而弄错茶叶类别的情况，如把大红袍当成红茶，把清香型铁观音当成绿茶。如果是喝茶者亲自购买，那么，销售人员是可以进行正确引导的。但是在这个案例中，购买者和喝茶者不是同一人，所以造成了购买差错，这个时候，如果能为顾客更换茶叶，很容易让顾客感动。

营销小知识

功效优先策略

在消费者购买动机和消费影响因素调研中发现，列于中国人购买动机首位的是求实动机，影响消费者购买的最主要因素是产品功效，认同功效决定购买的消费者占86%，远高于价格、包装等因素。

任何营销要想取得成功，其营销对象——产品必须要有好的功效。因此，市场营销第一策略是功效优先策略，即要将产品的功效视为影响营销效果的第一因素，优先考虑产品的质量及功效优化。

促销篇

最成功的销售策略是“顾客觉得占了便宜，但商家其实还是赚了钱”。促销作为茶店茶馆经营的重要方式之一，不仅要满足顾客对产品的需求，同时要满足顾客的心理需求。因此，成功的促销方案能够为顾客提供增值、超值或额外服务，能获得顾客发自内心的认可。

服务场景 40

“买茶叶送茶具”活动，国庆小长假业绩翻番

人物画像

林先生，来自外省，最初在企业上班，三年前开了一家印刷厂，爱好喝黑茶。

案例回放

再过十天，就是一年一度的国庆节了，虽然不属于传统节日，送礼需求也比较少，但是因为包含小长假，很多顾客都有出行需求。

如何在国庆节做一轮促销活动，拉升门店销量呢？这是经营型店长需要思考的问题。

进入顾客档案系统，我发现不少顾客都处于购买频率不高、购买金额也不高的状态，如何激活这部分顾客呢？我想应该将国庆节作为激发点。

按照这个思路，我设计了一个“买 199 元茶叶送 199 元旅行茶具”方案，并请老板审核。

老板看完方案后，问了个问题：卖 199 元茶叶的利润，是否足以支付旅行茶具的采购成本？我告诉老板我的活动思路是只要不亏损就行。

经过仔细研究，我和老板确定了活动方案，并开始着手准备。

活动方案：

一、活动主题：欢度国庆，超值活动，旅行路上我伴你

二、活动目的：激活睡眠或半睡眠状态的顾客

三、活动对象：两个月以上没有来门店的顾客

四、活动政策：

1. 买 199 元茶叶，送价值 199 元旅行茶具

2. 买 399 元茶叶，送价值 399 元旅行箱

五、活动时间：9 月 28 日—10 月 7 日

为了降低活动采购成本，特别是旅行箱的采购成本，我找到了一家品牌旅行箱专卖店，谈妥先采购 5 个，用完后再采购，采购价格为出厂价。至于旅行茶具，本身茶店有库存，不需要临时采购，而且旅行茶具日常销售也没问题。

9 月 27 日下午，促销海报和易拉宝到位了；晚上八点，我安排五位小伙伴，每人点对点地给顾客发送信息，同时在朋友圈进行信息分享。

在布置工作时，小溪问我："小月姐，为什么是点对点发信息，每条信息都需要输入顾客的姓氏和称位，太麻烦了，能不能就统称'尊敬的顾客'？"

我立刻否定了小溪的想法，并告诉大家，无论顾客多长时间没有来门店买茶叶了，他们都是我们的衣食父母，是我们工资的间接发放人，因此我们要尊重他们。如果发信息时没有写顾客的姓氏或者称谓，顾客会感觉是群发信息，会觉得没有被尊重，这样的信息发出去基本是无效的。

经过解释后，五位小伙伴都明白了我的初衷，也遵照要求发送了邀请。

9 月 28 日晚上，林总来到门店，说看到了我们的信息。经过交流我们得知，林总在小长假期间要去外地看望朋友，因此，我们建议他参加"买 399 元茶叶，送价值 399 元旅行箱"活动，还建议他买点茶叶送给朋友。最后，林总的成交金额达到了 2000 元。

国庆节结束，我们对活动进行总结时发现，这次活动共吸引了200多位顾客参与，其中初次成交顾客80多位，销售额接近25万元。

案例启示

促销活动的目的有很多，关键是店长要明确活动是针对什么样的人群，解决什么样的问题，达到什么样的效果。

这次活动，表面上是为了激活顾客，其实真正的目的是提高进店率，因为只有门店有了顾客，才能产生销售。当然，活动的设计也要有价值感，要让顾客感觉占了大便宜。

茶企小百科

天津鼎益泉正味茉莉花茶

鼎益泉是天津荣徽芗园贸易有限公司旗下品牌，主打正味茉莉花茶，在全国拥有上百家合作门店。

天津荣徽芗园贸易有限公司成立于2010年7月，集批发、零售、定制业务于一体，以经营六大茶类为主，自主品牌鼎益泉旗下有茉莉花茶、祁门红茶、普洱茶、福鼎白茶、黄山毛峰、龙井、碧螺春、金骏眉、宜兴紫砂壶和景德镇瓷器等产品。

荣徽芗园创始人丁胜利，1997年进入茶行业，具有20余年茉莉花茶窨制加工的丰富经验，每年的茉莉花茶生产加工季节均会前往广西横县，亲自进行茶叶加工。其茉莉花茶为正味茉莉花茶，具有香郁、味甘、形美等特点。

服务场景 41

礼品免费送，进店人数有效提高

人物画像

钱奶奶，退休老干部，平时喜欢喝绿茶，在一次小区拓展活动中，成为门店顾客。

案例回放

七月和八月正是酷暑时节，茶店也迎来了销售淡季，门店的顾客相对于其他季节会少很多。

清闲时，我开始收看茶频道的节目。一天，我看到一则新闻是记者采访戴高诺老师的，请他谈谈茶店、茶馆应对销售淡季的方法，戴老师分享了做好客户维护、跨界营销和走出去销售三种方法。

由此我想到，门店的经营应该有“淡季不淡”的理念，要带领团队有效应对销售淡季。

周一例会上，我把想法和团队成员进行了交流，希望小伙伴们能够改变淡季思想，共同想方案来积极应对。

经过 2 个小时的讨论，我们确定了走出去开发顾客的策略。茶店侧后面刚好有个小区，里面已经有一部分居民是门店的顾客了，到小区里做活动拓展顾客成了最佳选择。与此同时，活动采用团队模式进行，有利于提高团队配合的默契度，也减少单独开发失败带给个人的负面影响，而且可以请老顾客暖场带动现场气氛。

活动大方向确认以后，我请教了一位该小区的顾客，了解小区里面是否有商家曾经做过促销活动，他本人或者家人是否参与过类似活动等问题。

之后，我找到小区的物业公司，用三泡茶叶和较低的场地费用，谈妥了 10 天后的一个周日 15：00—18：00 作为活动时间。

接下来，我们请了一位设计师为活动设计易拉宝、30 元礼品抵用券和横幅。

活动前一天，我们准备好活动物料和产品后，用短信或者微信邀约了该小区 20 位老顾客，请他们在活动时间到现场领取礼品。

活动在预定时间如期举行，我们在现场为老顾客准备了一个价值 50 元的品茗杯，为新朋友准备了一泡茶叶和一张 30 元的礼品券，凭此券，到门店可领取一份价值 30 元的礼品。

活动中，当有老顾客过来领取品茗杯时，小溪都会用小喇叭喊出“感谢老顾客×××的支持，获得价值 50 元品茗杯一个”，以此来调动现场气氛。

在活动现场，有不少居民想购买茶叶，但是为了让他们到门店消费，我们在活动现场只送不卖。

整场活动持续了近 3 个小时，我们和 100 多位居民添加了微信，领取了礼品券。

在活动结束后的一个月内，有 50 多位居民到门店领取了礼品，其中成交的顾客达到 30 位，钱奶奶正是其中一位，而且消费额还不低。

后来，她成为门店的老顾客，每个月至少会来门店买茶一次。

案例启示

坐商是茶店茶馆核心的经营模式，也是最传统的模式，但是应对销售淡季，门店要重点提高进店率，主动走出去开发顾客。

在这个案例中，茶店不但有效地进行了社区开发，而且通过送礼品券的方式把顾客引进门店，这避免了现场发放礼品，引流效果差的尴尬。

营销小知识

价格适众策略

价格定位是影响营销成败的重要因素。对于求实、求廉心理很重的中国消费者来说，价格高低直接影响购买行为。

对于一种产品而言，价格是否稳定直接关系产品的声誉。一般说来，价格确定后，不宜变动，因而初期定价至关重要。有利于营销的合理价位应该是适众的价位。所谓适众，一是产品的价位要得到目标消费群体的认同，二是产品的价值要与同类型的产品价位相当，三是确定销售价格后，所得利润率要与经营同类产品的众多经营者相当。

服务场景 42

一把紫砂壶，顾客充值成 VIP

人物画像

李先生，某房地产公司老总，爱好喝古树普洱和收藏紫砂壶，是门店的贵宾级顾客。

案例回放

一个周三晚上，老顾客李总带着两位朋友来门店喝茶，我引导他们进入雅韵阁包厢。

“李总，今天晚上还是喝您存放在店里的普洱茶吗?”我问。

“是的，就喝那款。”李总回答。

得到李总肯定的答复后，我给水壶加上水，并确定水壶在加热后，请李总他们稍等，然后走出包厢去拿茶叶。

李总是当地一家知名房地产公司的老板，已经开发了五个楼盘，每个楼盘的销售情况都很好。半年前，我在另外一位公司老板黄总的办公室偶遇他。

因为同样是普洱茶爱好者，在黄总办公室品鉴完我冲泡的10年老班章后，李总主动加了我的微信。没过几天，他便来到门店喝茶，成了茶店的顾客。

我从储存柜里找到李总存放的15年冰岛，用茶针撬了一泡的量。

回到包厢，水已经烧开了，我为李总他们泡上一道茶后，便退出包厢，把时间留给他们谈事情。

大约半小时后，我拿着两碟茶点，敲门进入包厢，为他们续水。

“李总，您可有段时间没来喝茶了，以后有时间要常来支持我们啊!”我边说，边把茶点放到桌子上。

“小月，这段时间我们正好有个新盘要预售，正忙着沟通方案呢。”李总解释道。

“李总，那恭喜您了，又可以赚大钱了!”我半开玩笑似的说。

我想起门店最近新到了几把紫砂壶，壶型非常适合泡普洱茶，李总他们应该会喜欢。

于是，我问李总：“李总，您平时在办公室用什么茶具泡茶呢?”因为我没有去过李总公司，所以不知道他习惯用什么茶具。

“小月，我都是用紫砂壶!”李总回答。

李总，一听就知道您是一位真正懂茶的人，紫砂壶具有杀菌消脂、中和水性等功能，常用紫砂壶泡茶喝能轻身延年，而且补气。

“小月，你的知识还真丰富。”李总也顺着我的话聊起来。

“李总，过奖了。对了李总，我们店刚好新到了几把紫砂壶，壶型特别适合泡普洱，我拿过来泡给各位试试。”我说道。

在征得李总同意后，我回到服务台，拿出一把新的紫砂壶，走进包厢去泡茶。

当我把紫砂壶放在桌子上，准备加水泡茶时，李总问我：“小月，这个壶多少钱，我要了。”

在确定价格后，李总立刻买下了这把壶，并主动充值10万元，以确保以后有新的紫砂壶能第一时间购买。

那之后我才知道，李总是个紫砂壶爱好者，遇到喜欢的壶，都是毫不犹豫地买，我拿的那把壶，壶型非常符合李总的喜好。

案例启示

顾客在茶店消费的过程中，其需求是多元化的，这个需求又分为显性需求和隐性需求。就像大海中的冰山，水面上的部分是直接能看见的，水面下的部分是看不见的，但真实存在，而且体量巨大。

我们在接待顾客的时候，需要迎合顾客的显性需求，更需要挖掘顾客的隐性需求，并尽可能满足他们。对于我们的其他推荐，顾客不会认为是为了多卖产品、多赚钱，反而会更认可我们的服务。

营销小知识

品牌提升策略

消费者的购买决策过程有四个环节，即需求洞察、信息收集、品牌评审、选择决定，其中一个重要环节就是品牌评审。从消费者选择品牌的模式分析，其所购买产品的品牌必须是其知道的品牌，而要让消费者知道品牌，必须推广宣传。中国消费者购买商品有求名的动机，为满足其求名动机，应不断提升品牌知名度。

品牌提升策略是通过各种形式的宣传，改进和提升影响品牌的各项要素，它是提高品牌知名度和美誉度的重要策略。

服务场景 43

白茶按提卖，顾客主动提高客单价

人物画像

谢先生，某大型企业人力资源总监，喜欢喝福鼎白茶，是门店的老顾客。

案例回放

又到了春茶上市的季节，老板通过对新茶园的实地考察，并与往年茶叶进行对比后，确定了一个新的茶叶供应商，采购了 2000 饼不同级别的福鼎白茶。

为了能够快速消耗 500 饼茶叶，我和老板沟通后，决定在店里出台新的销售政策，寿眉不再按饼卖，而是按提卖，政策是“买 5 送 2”。

周五晚上，谢总来门店喝茶，小溪引导他入座后，确定他想喝福鼎白茶。

于是，小溪到服务台拿了新上市的白毫银针，将水烧开后，等了 10 秒左右开始注水。然后递上一杯茶，请谢总品鉴。

谢总也是位老茶客了，因为平时喜欢喝福鼎白茶，对于茶叶口感上的细微差别很敏感。

“小溪，这款茶是刚上市的吗?”谢总问小溪。

“是的，谢总，您真厉害，一入口就知道。”小溪回答。

“小溪，我觉得这款白毫银针口感好像比往年的好。”谢总继续品鉴。

“是呀，我们今年换了供应商，在福鼎百琳镇找了一个自己有茶山，家里两代都做茶的茶农，而且在做茶的时候，我们老板亲自监督，确保茶叶的品质。”小溪解释道。

“原来是茶叶的品质提高了，怪不得口感更甘甜，花香更浓郁。小溪，这款白茶多少钱一饼?”谢总对这款茶很满意。

“谢总，您是我们的贵宾，优惠后的价格是 580 元。”小溪告诉谢总。

“小溪，今年的寿眉价格如何?我想买几饼送人。”谢总又喝了一口茶说。

“谢总，寿眉的价格是 299 元，不过，现在店里有活动，买 5 饼送 2 饼，比去年的价格还便宜呢!”小溪向谢总推荐。

谢总听完报价后，没有说话，拿起茶杯继续喝茶，应该是在思考是否合算。

为谢总续上茶后，谢总说：“小溪，我觉得你们店里今年的白茶品质确实比去年好，而且价格也还合适，我想多买点，但是家里不方便存放，不知道我能否寄存在店里，等要送人或者要喝时再拿走。”

“谢总，您稍等，我去请示一下店长。”为谢总添上一杯茶后，小溪来找我商量。

得到肯定的答复后，小溪告诉谢总门店可以帮忙储存茶叶，如果要送人或者自己喝，电话或者微信通知我们就行，我们随时可以送货。

谢总非常开心地买了 3 提寿眉，因为量比较大，小溪又找我特批了贵宾卡优惠。

案例启示

促销是门店经常用的一种提升销量的政策，也是一种积极的营销行为，但是如果直接用打折的方式，不仅会降低利润，而且不利于客单价的提高，因此，最佳的门店促销政策是“买赠”。

一般福鼎白茶都是以饼售卖，7 饼为 1 提。如果想以提售卖，就要设计有激励性的促销政策，例如买 5 送 2，就是比较有诱惑力的方式。

营销小知识

刺激源头策略

有消费者才有需求，依据消费者的需求研制出各类产品，进而催生促销活动。消费者是营销活动的源头，营销活动的重心不在销，而在头，在于刺激消费者的购买欲望。

刺激源头策略是将消费者视为营销源头，通过营销活动，不断刺激消费者购买需求及欲望，最大限度地实现服务消费者的策略。许多成功的营销案例，都是把重点放在研究消费者的购买动机上，即通过宣传活动刺激消费者的购买欲望。

服务场景44

会员卡营销，顾客与门店共赢

人物画像

潘女士，某食品公司高管，爱好喝茶，一次偶然的机会，成为门店顾客。

案例回放

周日下午，店里的顾客比较多，我和另外五位姑娘都在门店接待顾客。

这时，开贸易公司的陈姐带着三位朋友来店里喝茶，因为提前联系过，我为她们预留了幽兰阁包厢，同时，提前几分钟把水烧开，把陈姐喜欢的婺源绿茶备好。

陈姐一行到店后，我引导陈姐她们进入包厢后，用玻璃杯为每人奉上了一杯绿茶。

“陈姐，和你们几位女神在一起，我感觉春风拂面，什么时候我也能像你们一样漂亮又有气质呀！”我说。

“小月，你可真会说话，来，我给你介绍我的三位朋友。”陈姐对我说。

“太好了，谢谢陈姐！”我向几位新客人点头示意。

经过陈姐介绍后，我知道了另外三位顾客的身份，其中潘姐是一家食品公司的市场部总监，负责公司营销活动的策划和活动方案培训，平时喜欢喝红茶。

在征得她们同意后，第二泡茶叶我为她们换上了一款野生正山小种。

因为茶叶产自桐木关内，口感和香味是很多爱喝红茶的顾客认可的，这次也不例外，潘姐她们都非常认可，而且潘姐还给出了“回甘好，花香浓郁”的评价。

“潘姐，您真是位懂红茶的人，才喝一口，就把这款茶的特点品出来了。”我边说，边给她们续茶。

“小月，这款茶确实不错，多少钱一斤呢？”潘姐问。

“潘姐，您是陈姐的朋友，陈姐又是我的老顾客，所以给您的价格是按照陈姐的贵宾卡政策来的，一盒是 200g，优惠后的价格是 316 元。”我回答。

“谢谢小月，给我先拿一盒。”潘姐果断要了一盒。

我想推广一下店里的会员卡，扩大成交金额。

于是，我对潘姐说：“潘姐，我们店里最近针对第一次消费的顾客，有个超值优惠活动，我给你们讲讲，看看是否合适？活动政策是存 1000 元，成为金卡会员，这 1000 元可以用于购买茶叶或者其他产品；再赠送 1000 元包厢使用券，下次您和朋友来的时候，不买茶叶也能免费使用包厢；另外，今天这盒 200 克的茶叶免单。”

“小月，你太欺负我了，以前我第一次买的时候，都没给我这么好的政策，今天你必须补给我！”陈姐听我介绍活动后，假装生气的样子对我说。

而潘姐听完介绍后，立即存了 1000 元成为金卡会员，同时还建议另外两位朋友也参加。

最后，三个人都成了金卡会员，对于老顾客陈姐，我直接赠送了 1000 元包厢使用费。

案例启示

在消费者这个身份面前，每个人都有占便宜的心理，茶店的消费者也一样。对于门店的店长或者经营者来说，一定要做到让顾客感觉占了大便宜，而事实上门店赚了钱。茶店推出的这种存款成为金卡会员的活动，正是“消费者权益最大化”原则的有效运用。

营销小知识

单一诉求策略

在产品宣传中，要针对消费群体准确地提出诉求点，若诉求点太多，不仅不利于促销，还会失去消费者的信任，最后导致营销失败。

单一诉求策略，是根据产品功效特征，选准消费群体，准确地提出最能反映产品功效，又能让消费者满意的诉求点。

服务场景 45

发放现金抵用券，顾客自发转介绍

人物画像

夏女士，服装店老板，很懂得养生，喜欢喝红茶，基本上每个月都会来门店购茶一次。

案例回放

金秋十月，天高云淡，人体感觉非常舒适。正值秋茶上市，门店的顾客比平时增加了不少。

为了锁定老顾客，也让老顾客在不知不觉中为门店转介绍朋友，经过讨论，门店推出了“秋茶上市使用现金抵用券，每张 20 元，每次限使用一张”的活动。

周四上午 11 点，夏总款款走进茶店。因为夏总是开服装店的，所以她的穿着搭配永远都得体又魅力十足，每次来店里都会给人一种赏心悦目的感觉。

“夏姐，我得好好向您学习如何穿衣服，让自己也变得像您一样，每天都是女神。”我向夏姐投去羡慕的眼光。

“小月，你嘴巴真甜，这么会夸人。”夏姐看起来很开心。

“夏姐，今天还喝红茶吗？还是换一款茶叶喝？”我接着问。

“小月，今年的秋茶上市了吗?”看来夏姐是想换换口味。

“部分秋茶已经上市了，比如铁观音，不过店里前天新到了一款红茶，口感很好，我泡给您喝一下。”我推荐了更加适合夏姐的茶。

我走到服务台，拿出产自江西铜鼓的宁红茶，用 80 摄氏度的水冲泡。

“小月，这款红茶口感真的挺好，它的香型应该是介于花香与蜜香之间。”夏姐边品茶边评论。

“夏姐，您对红茶真的很了解，这款红茶产自江西铜鼓县，那里是中国长寿之乡，也是旅游之乡，没有重工业，自然环境非常好。”我给夏姐介绍道。

“小月，这款茶是什么价位，我买一斤吧。”夏姐问道。

“夏姐，这款茶叶一斤的价格是 800 元，你是我们的老顾客了，享受 VIP 折扣。刚好我们在做一个秋茶上市的活动，凭现金抵用券再减 20 元。”我给了夏姐最优惠的价格。

“好的，小月，我扫码支付给你。”夏姐痛快地下单了。

夏姐非常开心地购买了茶叶。在把茶叶递给她的时候，我拿出三张现金抵用券，对她说：“夏姐，这是刚才说的秋茶现金抵用券，我送您三张，下次来的时候可以用，也欢迎您转送给朋友。”

第三天，一位顾客走进门，说是夏姐介绍的，在付款的时候还用了现金抵用券。

案例启示

现金抵用券是一种积极的营销手段，可以多送给顾客一些，顾客不但自己可以用，也能转送给朋友使用，目的是让顾客为茶店转介绍朋友。

在这个案例中，赞美技巧地有效使用和折上折的优惠政策，促使顾客快速下单；现金抵用券则有效地挖掘顾客资源。销售场景中的重要一幕就是要用技巧让顾客产生舒适感，甚至感动，并渴望到门店进行消费。

茶企小百科

天裕泰茶业

天裕泰茶业有限公司，位于山东济南江北第一茶市，主要经营安徽名茶，拥有专业团队，用心为经销商提供优质服务。

天裕泰茶业有限公司以专业茶礼定制服务为核心，从产品设计到输出都有独特的角度和眼光。天裕泰奉行“超出顾客期待的产品开发和服务”的宗旨，时刻把满足消费者需求放在第一位，做到比消费者更了解消费者。

在首席服务官陈盈盈的带领下，天裕泰茶业有限公司恪守真诚，日益发展壮大。

服务场景46

母亲节活动，顾客维护和开发双丰收

人物画像

薛女士，某培训机构英语老师，喜欢品红酒，一次母亲节活动，成为门店忠实顾客。

案例回放

母亲节虽然是个舶来品，但是因为每个人都有孝敬母亲、回报母亲的心理，与中国的孝文化融合之后，还是得到了大部分人的认可。

离母亲节还有10天，为了维护老顾客，让老顾客为门店转介绍资源，按照惯例，茶店计划举办第五届“为母亲奉上一杯茶”主题活动。

我们计划邀请15位女性顾客和15位老顾客，每人都带上孩子来参与，预计总人数60人左右。

母亲节上午，我带领小伙伴对茶店大厅进行了布置，正前方放置了泡茶台，60人以“孩子+母亲”的方式三面围合而坐，方便孩子和母亲进行互动。

现场准备了泡茶的器皿、奉茶用的托盘、康乃馨、主题宣传物料等，工作人员有主持人、茶艺师、摄影师等。

活动流程如下：

一、主持人宣读活动规则

二、茶店老板致辞

三、茶艺表演+品鉴

四、孝文化与茶文化的主题解说

五、感恩母亲+奉茶+献花

六、顾客代表发言

七、集体合影

下午3点，活动正式开始。因为已经举办到了第五届，所以伙伴们都轻车熟路地进行着各项流程。

我们邀请了第一次来门店的薛姐作为顾客代表发言，薛姐说："因为工作的关系，我和孩子相处的时间很少，孩子上学的时候，我有时间，而孩子周末在家的时候，我要去工作，所以母女间的交流非常少。今天这个活动我是特意请假来的，我深深地感受到现在传统文化一点点被人们淡忘，非常需要有这样的活动来唤起孩子们对传统文化的兴趣。茶店举办的'为母亲奉一杯茶'活动，不但能加深孩子对孝文化的理解，也是一项非常不错的亲子活动。"

下午5点，活动顺利结束，我们为参与活动的母亲每人送上一份礼物，同时邀请她们有时间来门店品茶。

活动结束后的第三天，我们把活动视频发送给她们。

这次活动，成功开发了包括薛姐在内的14位陌生顾客，而且都成了门店的忠实顾客。

案例启示

门店举行商业活动的目的都是一致的，如客情维护、顾客开发、实现销售，但是活动的主题、表现形式不一样，效果也会大不相同。

当实体店都习惯用促销形式来举办活动时，老顾客对这类信息的反应就会变得迟钝，此时以情感为主题的活动更易于被顾客认可，而且他们会因感动自愿成为门店的忠实顾客。

营销小知识

终端包装策略

终端是与消费者进行商品交易的场所，是刺激消费者购买欲望的阵地。

有市场调查显示，51.8%的消费者是到购买现场才做出购买决定的。这说明，至少有51.8%的消费者在终端还在收集信息，评审品牌。也就是说，在终端向消费者传递信息，至少可以影响到51.8%的消费者的购买行为，因此，要对终端进行包装。

终端包装是根据产品的性能、功效，在直接与消费者进行交易的场所进行各种形式的宣传。

维护篇

在竞争日益激烈的茶店茶馆经营中，顾客维护成为门店工作的核心，也是门店顾客经营能力提升的核心，因为它决定了顾客的复购率，决定了顾客的转介绍价值。因此，茶店茶馆工作人员需要以爱为基础，以顾客感动为目的，用心去维护顾客。

服务场景47

一幅刺绣，换来顾客高度认可

人物画像

陈先生，市区人，经营建材生意，新别墅已入住，还未办乔迁宴席。

案例回放

一天，老客户陈总来店里喝茶，提到新房子装修好了，准备年底举办乔迁宴席。

陈总一直从事建材生意，人脉广，为人和善，而且爱结交朋友。听说他的新房子装修好了，我大胆提出请求，想参观一下他的别墅。

陈总爽快地答应了。于是，我们一行三人，前往陈总别墅。

陈总的别墅分为上下三层，每层近500平方米，中国风元素随处可见，整体风格豪华、大气。

在一楼客厅，我发现主背景墙上还没有装饰画，想到陈总是我们店的老客户，每年买茶叶的数量也很多，他乔迁之喜，应该送他份礼物。

但是送什么礼物呢？我最初的想法是送一幅画，不过经过思考后，觉得送画很难达到效果，因为非大师级的作品，配不上陈总别墅的风格和陈总的身份、地位，怕是会被束之高阁；而大师级的作品，其价格也不是我一个店长能够承受的，或者说我们根本找不到合适的大师作品。

这件事我思考了好几天，都没有头绪。其实，不送的话也行，但是可能失去一次维护顾客的好时机。该怎么办呢？

再次思考后，我确认对于陈总这样的商界人士来说，在他的人脉圈里，估计会有人送给他名画，而对于我来说，送的礼品不能太昂贵，否则有可能把一年的利润都送出去了，当然老板也不会同意。因此，我送给陈总的礼品应该是有特色的，有价值感的，又能与别墅风格吻合。

有了这个思路后，我豁然开朗，随即决定送给陈总一幅亲手制作的刺绣。

于是，我找到了在杭州的同学，请她帮忙买了品质好的丝绸和丝线，用了一个月的时间，把这幅刺绣完成。

当我把这幅刺绣送给陈总的时候，他非常惊讶，第一时间把它挂在了会客厅。

后来，每当有朋友去陈总的别墅做客时，他都会给朋友介绍这幅刺绣，并介绍他的朋友来店里买茶。

案例启示

给顾客送礼是个非常需要技巧的事情，送不好，顾客没什么感觉，甚至会起反作用，不如不送。对于茶店的销售人员来说，要思考低成本的礼物如何带给顾客价值感。

在这个案例中，陈总的感动在于店长手工制作的礼物中包含的一份真诚，这份礼物又刚好能给他的别墅加分。

营销小知识

动态营销策略

动态营销策略的目的是根据市场中各种要素的变化，不断调整营销思路，改进营销措施，使营销活动动态地适应市场变化。

营销工作面对的是市场中各种要素的组合，而各种影响市场的因素都是变化的，因此，营销活动必然是动态的，只有动态的营销才能保证营销效果。

企业只有进行深入的调查和科学的研究，才能透彻地掌握市场，为制定科学合理的营销策略提供依据。不断地调研、不断地调整营销思路，这样的动态营销才能使企业立于不败之地。

服务场景48

一束百合花，用真情感动顾客

人物画像

徐女士，从小山村来大城市工作的白领，从小父母在外打工，由爷爷奶奶一手带大，因为爷爷喜欢喝茶，使得她对茶也有一种特殊的喜爱之情。

案例回放

星期六下午，快五点的时候，门店进来了一位客人，抬头看去，发现是徐小姐。

徐小姐穿着宽松的运动装，简单地绑了一个马尾辫，仔细看时，发现她眼睛下边有两个重重的黑眼圈。

我起身将徐小姐引导到茶桌前坐下，为她倒了一杯我正在喝的普洱熟茶。

我对她说："你最近是不是经常熬夜？怎么黑眼圈这么重？"

徐小姐扶了一下眼镜，说："最近公司接了个大项目，这段时间一直在加班，晚上休息时间比较少。”

为徐小姐的茶杯重新满上，我对她说：“要多注意身体，忙完了要好好休息。”

徐小姐点了点头。

这时，徐小姐的手机响了，她急忙起身，到外面接电话。

趁这个时间，我走到电脑前，打开客户档案表，看了一下徐小姐的资料，意外地发现今天是她生日。我赶紧叫来店员小敏，让她去附近的花店买一束百合花。

过了一会儿，徐小姐接完电话回来，重新坐下，说：“小月姐，我得回去加班，给我拿一盒滇红吧。”

“好，你等等，马上就好。”我一边起身去拿茶叶，一边说。

我将她之前一直买的那款红茶拿出一盒，并去前台拿袋子装好。

徐小姐走到前台，拿出手机付款后，我拿上茶，送她离开。刚好走到店门口，小敏回来了，手里拿着一束百合花。

从小敏手中接过百合花，我转身对徐小姐说：“今天是你的生日，这是我们店送你的礼物，‘深深的祝福’是百合花的花语，祝你生日快乐！”

徐小姐看着面前的百合花，有点失神，大概10秒钟才反应过来，伸手接过了百合花，说：“我自己都忘了今天是我的生日，这几年来，一直忙着打拼，都没过生日，这束百合花是我在这座城市收到的第一份生日礼物，谢谢你，小月姐。”

我笑着摇了摇头，说：“不用谢，在外远离亲人，多注意身体，照顾好自己，希望你接下来的工作顺利！”

案例启示

在门店日常的接待工作中会遇到各种各样的客人，他们的性格、行为习惯各不相同，所以，我们的接待方式也要因人而异。要让客人感受到温馨，让他们觉得我们是一个特别的存在，时常会想起我们，时常会光顾门店。

营销小知识

魔性广告策略

高度重复的魔性广告是吸引浅层注意力的一种快速打法，脑白金广告可以算是这种打法的“鼻祖”。

2017年，蚂蚁金服的结巴广告也是魔性广告的代表作，取得了不错的效果。这种广告适合出现在消费者注意力不太集中的场合，如地铁、机场、电梯等，通过重复出现和简明扼要的内容，引起消费者的关注。

不过，多数消费者认为，魔性广告只适合为企业产品打开知名度，并不能有效地树立企业品牌。

服务场景49

一壶月子酒，建立闺蜜情谊

人物画像

白女士，年轻白领，大学毕业后来到本地打拼发展，后在此安家。

案例回放

周五中午，阳光普照，给阴冷的冬日带来难得的温暖。

我安排小伙伴轮流吃午饭，并确认有人在服务台值班后，拿着在家准备好的饭，到小休息室里加热，准备吃饭。

在等待饭加热的时间里，我拿起手机刷起了朋友圈，无意间看到顾客白小姐生孩子的信息，而且已经从医院回到了家里。

于是，我决定有时间去看望白小姐和她的宝宝，但是送什么礼物，我实在没经验。晚上到家后，我打电话向老妈请教。妈妈告诉我，刚生完孩子的女人，最需要的是充足的奶水，所以送点能够催奶的食物应该比较合适。

听了妈妈的建议，我到网上查了一下，发现福建三明有种月子酒，是专门用来给坐月子的女人炖鸡喝的，催奶效果好。于是，我找到了大学室友，她老家是三明的，请她帮我买10斤月子酒，然后寄给我。

第四天上午，我收到了月子酒。下班后，我去看望白小姐。她家就住在茶店侧后面的小区，十分钟就能走到。

按下门铃，等了一会儿，就听到屋里传来脚步声，接着门被打开了。

白小姐有点惊喜地看着我，说："小月姐，你怎么来了？快请进。"

走进屋里，将月子酒放下，我对她说："我看到你朋友圈的消息，知道你生孩子了，想着要来看看你和宝宝。但是也不知道送什么好，就托同学从三明买了几斤月子酒，你让家里人给你炖鸡喝，这样奶水会更充足。"

"小月姐，你太有心了！你的月子酒来得是时候，因为奶水不是特别充足，我老公也想买月子酒，只是液体不好运输，到今天还没有买到，没想到你就雪中送炭了。"白小姐说。

我往屋里看了看，发现似乎只有白小姐一个人在，就问道："你老公呢？怎么就你一个人在家？"

"他去超市买东西了。"白小姐回答。

看着白小姐有点虚弱的样子，我有点担心地问："家里没人照顾你啊？你坐月子怎么办？"

白小姐微微笑了笑说："不用担心，我妈明天就从老家过来照顾我了。"

这时，宝宝突然哭了，应该是饿了。等她喂完宝宝后，我又跟她聊了一些坐月子要注意的事情，刚好她爱人秦先生也回来了，我便起身告辞了。来到门口，白小姐笑容满面地说："小月姐，你也抓紧时间结婚要个宝宝吧！"

案例启示

要想让顾客忠诚于门店，产品是基础，服务是关键。所以，要把顾客和门店的关系由交易型转变为朋友型，甚至是闺蜜型，就涉及茶店茶馆的顾客经营系统。

茶店茶馆的顾客经营系统分为引流、成交、锁客和裂变，在锁客和裂变环节最需要顾客的忠诚度，情感型的维护能有效提高顾客的忠诚度。

营销小知识

诚实守信原则

诚实守信是最基本的道德要求，也是企业经营中最重要的品德标准，是其他一切标准的基础，被奉为至上的律条。

诚实守信是市场营销中把握道德界限的重要规则，具体包括产品质量过得硬，不以次充好；广告中不虚假宣传；明码实价，童叟无欺；交易中严格履行合同，信守承诺；市场调查数据真实等。

服务场景 50

及时更换礼盒，化危机为客情维护

人物画像

黄先生，某银行分行行长，经一位老客户介绍，到茶店买茶叶，后来成为大客户。

案例回放

一个工作日的上午，进来一位顾客，气质非常好，看样子应该是位领导或者老板。

小芬接待后，引导顾客到青竹阁包厢入座，我拿了一泡熟普和一泡武夷岩茶进入包厢，向顾客自我介绍的同时递上我的名片。

“小月，我是建筑公司陈总的朋友，在他家里看见过你绣的一幅刺绣，真漂亮!”顾客自我介绍道。

“谢谢夸奖，原来是陈总的朋友，请问如何称呼您?”我问道。

“我姓黄，在银行上班。”黄行长回答。

“黄行长，感谢您的支持，平时喜欢喝什么茶呢?”我把话题转到茶叶上。

黄行长说平时喜欢喝普洱茶，于是我给他泡了刚拿进来的去年的熟普。

在品鉴的过程中，我了解到他平时也喜欢喝生普，于是对他说："黄行长，其实我个人建议您平时多喝点熟普，熟普口感柔和，生普因为没有发酵，茶气霸道，但比较容易伤肠胃。"

"小月，谢谢提醒，以后我尽可能不喝生普，如果喝，也喝那种转化5年以上的。"黄行长说。

在喝到第7泡的时候，黄行长询问了我们正在喝的这款普洱茶的价格。

当我报价后，他没有讨价还价，直接买了3饼，因为中午他还要接待一位客户，就先走了。

我请黄行长稍等片刻，再喝一杯茶，我出去为他打包。想到他一次性买了3饼，而且说中午要去接待客户，我分析他买的茶叶应该是要送人。

我让小芬拿出3个礼盒，装上茶叶后，拿上茶叶和消费单据，进入包厢。

"黄行长，茶叶打包好了，我为您加上了礼盒，这样看起来更有档次，因为您是陈总的朋友，礼盒不收钱，送给您。"我向黄行长展示了一下茶叶礼盒。

"好的，小月，下次我还来买。"黄行长一边说，一边起身离开。

把黄行长送到车旁，我把茶叶放到车内，目送他驾车离开。不过，我在心里默默记住了他的车牌号码、车身颜色和车型，回到店里录进了顾客档案。

12：30的时候，小芬和其他小伙伴正在吃午饭，我负责看守服务台。趁门店暂时没有顾客，我整理了上午的销售资料，突然发现，给黄行长配的礼盒弄错了，配的是生普礼盒，不是熟普的。

怎么办呢？打电话给他吗？说不定，他正在陪客户吃饭呢；不打吧，如果他把茶叶送给了客户，被客户发现礼盒和茶叶不配套，说不定会影响他们的关系。

权衡再三，我决定联系黄行长，并把熟普礼盒给他送过去。

打电话之前，我先编辑了一条短信发给他，让他知道我是谁，为什么要打扰他？并给他道歉。

短信发出去一分钟后，正准备打电话时，黄行长给我回信息，让我和司机联系，并把联系方式发给了我。

联系司机后，司机加我微信并把位置发给了我。我赶在黄行长把茶叶送给客人之前，顺利把礼盒送到并更换好。

这之后，黄行长成了我们门店的忠实顾客，每个月的采购量都在3万元以上。

案例启示

服务是一件非常注重细节的事情，把细节做好了，顾客才会产生感动，也才有可能成为忠实顾客。

在这个案例中，店长的接待以及为顾客配套礼盒等服务，都是因为在沟通中捕捉到了顾客的需求。送顾客到车上，将顾客车辆信息录入顾客档案，都是为以后的服务奠定基础。礼盒配套错误，及时联系顾客并第一时间亲自为顾客更换礼盒，都给了顾客非常好的体验。

茶企小百科

茶情报整合营销传播机构

茶情报成立于2010年，是一家以活动营销和内容营销为特征，以纸媒为基础，以感觉媒体为导向，以服务为驱动的整合营销传播机构。

秉承“让品牌从这里起飞”的服务理念，把“维护客户利益”和“不断满足客户需求”放在第一位，以茶行业洞察与茶品牌咨询为引领，提供茶产销区调研、媒体与经营者洞察、传播策略、传播内容定制与发行、渠道全方位整合营销传播、新媒体传播等专业性和规范性服务。

服务场景 51

送鼻炎治疗仪，合作茶店销量翻番

人物画像

李女士，在另外一个城市经营一家茶馆，一直从我们茶店进茶叶和其他产品，虽然进货量不大，但很稳定。

案例回放

今天降温了，凛冽的北风刮在脸上，像刀割一样。

晚上下班，回到家里，洗漱完躺在床上，我习惯性地刷起朋友圈，而李姐朋友圈的一条信息引起了我的注意。

她在 30 分钟前发了一条朋友圈，说：“天气寒冷，困扰自己 5 年的慢性鼻炎又发作了，特别难受，睡眠也受到严重影响。”

看到这条信息后，我决定关心一下这位合作多年的老客户。不过治鼻炎，送什么好呢？

我想起半个月前，一位顾客无意中说起给他母亲买的一台鼻炎治疗仪，效果不错。

考虑到时间有点晚，不方便去打扰顾客，我决定第二天再请教买鼻炎仪的顾客。

第二天上午，我给顾客发微信，请他有时间的时候来门店喝茶，同时向他了解所购买鼻炎治疗仪的品牌和购物平台。收货地址和联系信息我填写的都是李姐的，之后下单并支付了货款。

三天后，快递信息提示治疗仪正在派送。

晚上，李姐给我发微信，问："小月，我今天收到的鼻炎治疗仪是你买的吗?"

我回复她："是的，前几天看到你发朋友圈说鼻炎又发作了，刚好我一位顾客说给他母亲买的鼻炎治疗仪效果很好，我就在网上买了同一品牌的同一款鼻炎治疗仪送给你，希望有效果。"

李姐回复我："小月，你太有心了，我无意间在朋友圈的一个吐槽，就引起了你的关注，还特意为我买治疗仪，谢谢你。"

第二天早上一上班，我又收到了李姐的信息："小月，昨天睡觉前按照说明书使用了鼻炎治疗仪，效果不错，整个人感觉轻松很多，睡得也特别香。"

15 天后，李姐找我进了 11 万元的茶叶，这是合作以来单次进货金额首次超过 10 万元，同时，李姐加强了对我们产品的销售推荐力度，仅一个春节，销量同比就翻了一番。

案例启示

销售人员是否用真心去关爱顾客和伙伴，从一份小礼物就能体现出来。要想礼物贴心，需要我们在选择礼物时用心，认真分析送礼对象的需求，带给对方是惊喜而不是刻意。适度的赠送礼品会让我们与顾客的关系更进一步，让顾客内心产生感动。

营销小知识

义利兼顾原则

义利兼顾思想是处理好利己和利他关系的基本原则，它是我国传统思想中义利并重思想的体现。

义利兼顾是指企业在获取利润的同时，考虑是否兼顾了消费者的利益和社会长远利益。利是目标，义是要遵守达到这一目标的合理规则，二者应该同时加以重视，才能兼顾。

服务场景 52

承担出租车费，“投诉顾客” 变“忠诚顾客”

人物画像

钟先生，来自外省，在本地创办了一家铁艺公司，主要生产艺术铁门和户外围栏，在门店买过一次茶叶。

案例回放

周三晚上，一位顾客走进门店，经过简单交流，我了解到顾客姓钟，买茶叶是自己喝，而且平时喜欢喝清香型铁观音。

“钟总说，我泡一款清香型铁观音给您喝。”在确定顾客喜欢的口感后，我拿出了一泡消正口感的铁观音，因为清香型铁观音有正味、消正、脱酸和消清之分，为了更加精准地确定顾客的口感，我用消正来测试。

顾客喝完第三泡后，我请顾客对茶叶做个评价：“钟总，您觉得这款茶叶口感如何？”

钟总说：“还不错，不过，我感觉和我平时喝的茶有点差别，具体我也说不出来。”

听顾客说完，我基本判断出钟总平时喝的铁观音应该是正味的。于是，我为钟总换了一泡茶。

钟总喝了一口后，马上就说："这个茶叶和我平时喝的口感差不多，我就要这款，多少钱一斤？"

因为在喝茶的时候，我已经了解到钟总经营着一家铁艺公司，规模不是很大，但效益不错。另外，他是自己喝，价格不能太贵，对包装要求也不会特别高。

我给钟总推荐了一款500元和一款800元的铁观音，并建议他选择500元这款，因为它跟800元那款口感、工艺、产地都一样，只是内外包装材质不一样。

钟总接受了我的建议，买了2斤。

第二天下午，我突然接到钟总的电话。

电话里，钟总有点生气，说："小月，你们店的茶叶质量怎么那么差，我连续打开好几包都漏气。"

遇到顾客投诉茶叶包装有问题，戴高诺老师教我们首先应该道歉，我立马说："钟总，真是对不起，昨天打包的时候，店员没有检查，给您添麻烦了，这都怪我。"

"小月，别的不说了，你看怎么处理？"钟总继续问我。

"钟总，这样，您昨天买的茶叶我给您更换，待会我亲自检查，茶叶没问题后我给您送过去。"我试着安慰钟总情绪。

"小月，送就不用了，刚好我们公司有个职员要去市区办事，我叫他过去找你换。"钟总听我这么说，似乎消了些气。

"好的，感谢钟总！"我回答。

大约下午5点半，钟总公司的人到了门店，我请他喝茶休息一会儿，把为钟总换的茶叶拿给他，同时拿出50元给他打车，并请他替我向钟总再次道歉。

晚上，再次接到钟总电话："小月，茶叶没问题了，不过，你给出租车费就很有问题了。”

听得出，钟总的声音里没有生气，而是一种带有开心的责备，我再次悟到服务客户的真谛。

后来，钟总每个月都会来店里买茶叶，而且还介绍了同样办企业的老乡来买茶叶。

案例启示

处理顾客投诉是一门学问，处理得好，顾客会更加认可我们。

在这个案例中，顾客买到的茶叶出现了质量问题，店长第一是道歉，第二是换茶叶，而且换之前亲自检查，确保不会再出现问题，让顾客感受到服务的真诚；支付出租车费用，则更加直接地催生了顾客的感动，为后续消费奠定了良好的基础。

营销小知识

互惠互利原则

互惠互利是针对企业营销活动的性质，提出的交易中的基本信条。互惠互利原则要求在市场营销行为中，正确地分析、评价自身的利益，评价利益相关者利益，对自己有利而对利益相关者不利的活动，由于不能得到对方的响应将无法进行下去。

对他人有利，对自己无利的活动，又使经济活动成为无源之水，无本之木。企业本身是独立的经济实体，获利是理所应当的，只要不损害他人的利益，有效的经济活动本身就具有伦理性，只有健康的企业，才能生产出有意义的产品，创造新的就业机会。

服务场景 53

颁发荣誉顾客证书，顾客增加购茶量

人物画像

高先生，服装公司老板，茶店的老顾客，平时除了买点自己喝的茶叶外，公司用茶基本不在茶店买。

案例回放

品鉴会是门店的重要营销手段，通过品鉴会，能实现顾客邀约、顾客维护和顾客转介绍，也加深顾客对门店的印象。

后天是周三，是我们茶店每周举办品鉴会的日子，这个活动已经在门店持续进行了 3 年，从最初不定期举办，到每周三固定举办，效果越来越好。

我拿出品鉴会准备邀请的人员名单，确认一下要邀请的对象。正常情况下，我们邀请的频率是一个月一次，不能过于频繁。突然某服装公司的高总，进入了视线，我拿出红笔，在高总的名字旁作了个记号。

高总是门店的老顾客之一，每个月都会来买点自己喝的茶叶，但购买量不是很多，要提高他的购买量，应该从办公用茶入手。

确定邀请的主要对象后，我拿起手机，给高总发了条微信，主要内容是公司新到了一款茶，邀请他周三下午三点来门店品鉴，并非常欢迎他带上朋友一起来。

高总回复："我确认一下，如果周三下午没有特别安排，我会来参加品鉴会。"随后，我又邀请了几位成交过一次的顾客一起参与。

在确定了邀请人员名单后，我又确定了品鉴会用茶，因为茶叶品类也是决定品鉴会是否成功的重要因素之一。

周三下午，高总和两位朋友如约而至，其他几位顾客也先后来到茶店。

我引导他们在品茗桌坐下后，拿出品鉴会的茶叶，做了个简单介绍，然后冲泡给大家品鉴。

喝到第三泡时，我对每位顾客做了逐一介绍，并请新来的朋友做了自我介绍，这样一来，会使品鉴会的气氛会更加融洽。

喝到第五泡时，我请高总对这款茶叶进行点评，并为大家重点介绍了高总的企业。

高总点评结束后，老板为高总颁发了"荣誉顾客"的证书，将品鉴会推向高潮。高总获得"荣誉顾客"证书后，心情非常好。接下来的品鉴，继续在轻松而愉快的气氛中进行。

品鉴会接近尾声时，我们为每位参与品鉴会的顾客准备了一个小礼包，里面有 3 张 20 元现金抵用券和 3 泡品鉴时喝的茶叶。高总则直接买了 5 斤品鉴时喝的茶，说回公司分享给管理人员。

案例启示

品鉴会是茶店茶馆的重要营销活动，但是很多门店的品鉴会并没有达到理想的效果。要提升品鉴会的效果，在策划阶段和活动进行中，不但要注意品鉴会对象的邀请，还要满足品鉴会重点维护对象的心理需求。

在这个案例中，邀请高总第一个点评茶叶，并颁发“荣誉顾客”证书的举动，充分满足了顾客需要获得尊重的心理，也为后期的销售奠定了感动基础。

营销小知识

理性和谐原则

理性和谐原则是企业道德化活动的理想目标模式。

在市场营销中，理性就是运用知识手段，科学分析市场环境，准确预测未来市场发展变化，不好大喜功，不单纯追求市场占有率，而损失利润；或者追求销量，追求规模，而无法保证产品质量。

和谐就是企业的市场营销活动应保持在适度竞争的水平上，过度竞争会导致资源浪费、两败俱伤的结局。市场营销中的和谐，就是正确处理企业与市场各相关利益者的关系，以和睦相处为基本原则，创造出天时、地利、人和的氛围。

服务场景 54

上门拜访，加深与老顾客感情

人物画像

苏先生，经营一家制鞋企业，喜欢喝茶，是门店的老顾客。

案例回放

一天早上，因为顾客比较少，我看完昨天的销售报表后，就打开顾客档案系统，浏览顾客的购买记录。

在金卡顾客中，我发现有几位老顾客近两个月都没有来门店消费，而之前的购买量都是很不错的，是什么原因导致他们的购买量下降呢？

分析他们的消费记录后，我觉得有必要去拜访一下他们，其中一位是开鞋厂的苏总。

我把他们的地址记录在笔记本上，就开始思考如何上门拜访？是否需要预约？带什么茶叶去？

拜访顾客第一步是预约。预约很讲究方法，很多时候顾客会回答：

“我在开会”；再次预约时，顾客仍然回答：“我在开会”；第三次预约时，还是答复：“还在开会”。在销售行业有“顾客一个会开三年”的说法。

因此，我决定拜访前再预约。

第二天下午三点半左右，我开完交接班会议后，决定去拜访苏总。同时，带上了苏总平时喜欢喝的茶叶。

当我来到车上，准备发动汽车出发时，我给苏总拨通了电话。

“苏总，您好，我是小月。”我礼貌地问好。

“小月，你好，有事吗？我正在开会。”苏总的回答不出我所料。

“苏总，没事，您先开会，我刚好下午要经过你们公司，想进去找您喝杯茶。”我这样告诉苏总。

“小月，估计不行啊，下午开会不知道几点结束。”依然是我意料中的答复。

“苏总，没事，您先开会！”我并没有急着说去或者不去。

挂断电话后，我直接开往苏总鞋厂。因为苏总在电话中说在开会，因此我开得很慢，平时30分钟的车程，这次用了60分钟。

到苏总公司后，值班的门卫直接让我进去了，因为以前给苏总送茶叶的时候，送过茶叶给他喝。

来到苏总公司的前台，我和工作人员说要找苏总，请她半个小时后帮忙和苏总说一下，同时给了她一盒茶点，然后在接待大厅的沙发椅上等待。

大约半个小时后，我再次请前台工作人员帮忙联系苏总。

她起身帮我去联系苏总。大约1分钟后，过来告诉我“苏总在办公室等我。”

进入苏总办公室，还没等我开口，苏总就说话了：“小月，你也真是，来了快1个小时才进来找我。”

“哎呀，苏总，我等等没关系，但是不能打扰您开会。”我回答。

坐下来后，我拿出茶叶给苏总泡茶，苏总品完一杯茶后，说“小月，还是你泡的茶叶好喝。”

“苏总，真的假的？您都快两个月没去我们店喝茶了，所以我今天经过您这，一定要进来喝杯茶，看看您。苏总，我告诉您一个秘密！”我对苏总说。

“好啊！什么秘密呢？”苏总问。

“我原本以为您开会要很长时间，所以我早就想好了，今天苏总的会开再长时间我都在外面等，不见到您，我就不回去了。”我说。

“呵呵，小月，我真是怕你了！”苏总喝了口茶大笑说。

在轻松愉悦的气氛中，我和苏总交流了 15 分钟左右，然后告辞，并邀请他有时间经常去茶店喝茶。

案例启示

顾客拜访，是开发陌生顾客和维护老顾客的有效方法。研究显示，如果陌拜开发新顾客，成功会在第 7~11 次拜访中出现。因此，无论是陌拜还是拜访老顾客维护客情，一定不要目的性太强，而要以建立感情或维护情感为主。

店长的这次拜访，无论是预约、门卫关和前台文员关都有感情铺垫，在和苏总见面时，气氛也是轻松愉快的，这样的维护非常有效。但是切记一点：销售茶叶还是要等顾客来门店后再进行。

营销小知识

过程控制原则

现代营销观念认为，营销管理重在过程，控制了过程就控制了结果。结果只能由过程产生，什么样的过程产生什么样的结果。事实上，在目前竞争激烈的市场营销环境中，“只要结果不要过程”的观念正在逐步失去市场。

现代营销管理中最可怕的现象是“黑箱操作”和“过程管理不透明”，因此导致过程管理失控，过程管理失控最终必然导致结果失控。

服务场景 55

电话问候，普通顾客变大客户

人物画像

宋先生，家具公司老板，喜欢喝茶，是门店的一位忠实顾客，每年都会在门店购买 20 万元以上的茶叶。

案例回放

酷暑难耐的一个周日下午，我在门店接待顾客，转瞬间，乌云密布，大雨倾泻而下。

正在这时，宋总和朋友从雅韵阁包厢走出来，准备离开。

“宋总，现在雨下得非常大，你们再喝会儿茶吧。”我走过去和他们打招呼。

看着店外面的大雨，宋总摇摇头，和朋友说了几句后，转身走向包厢。我让小婷拿了一泡福鼎老白茶和一碟无花果，到包厢为他们服务。

大约半个小时后，宋总再次走出来，对我说：“小月，雨还在下吗？”

外面雨还是非常大，而且天已经黑了。我对他说：“宋总，您再喝杯茶吧，现在不仅雨大而且能见度低，开车不安全。”

但是，宋总说家里有急事，必须马上回去。再次挽留无效后，我只能同意他回去，并告诉他“包厢里的朋友会接待好，请他放心”。

宋总买好单，回包厢和朋友打了招呼，就准备离开了。

我到休息间拿出两把雨伞。

“宋总，这把雨伞您先拿去用，待会下车才不会淋湿。”我边说边递给宋总一把伞。

“小月，不用雨伞，我家是地下停车库，不会被雨淋的。”宋总解释道。

听宋总这么说，我也没有坚持，和他一起走到店门口，撑开雨伞，“宋总，我送您上车。”

这次，宋总没有拒绝，我把他送到车前并继续撑伞等他上车，然后对他说：“宋总，路上开慢点，注意安全。”

目送着宋总驾车离去后，我回到店里。雨还真挺大的，前后不到一分钟，我的裤脚已经被淋湿。

我打开客户档案表，找到宋总的资料，在消费记录中备注了第3次消费时间和茶叶，然后看了一下宋总的住址，估计驾车速度再慢，30分钟也能到家。

半个小时后，我拿起手机，在通讯录中找到宋总的号码，拨过去后，电话“嘟，嘟，嘟……”无人接听。

5分钟后，宋总电话回过来了。

“宋总，您安全到家了吗?”我问。

“小月，我刚把车停好，雨下得太大，路上开得很慢，但已经安全到了，谢谢你的关心!”宋总告诉我。

后来，宋总成了门店的大客户，每年公司的礼品用茶和办公用茶基本都在门店采购。

案例启示

在顾客维护中，很多茶店茶馆经营者或从业人员习惯结果导向，以产品销售为动机，如新茶上市、节假日的促销等，但这种维护方式效果越来越差，顾客也越来越无动于衷。

其实，在门店的顾客维护策略中，要以过程性维护为主，给予顾客的关心应该与销售无直接关系，比如生日问候、传统节日祝福等，但是这种维护很有效，不但能提高成交率和客单价，还有机会让顾客产生感动，并忠诚于门店。

茶企小百科

金芝御叶灵芝白茶

20世纪初期，数十万福清人旅居海外，身在异乡，冬寒春暖时令变迁时，为提高免疫力，侨胞们会拿出珍藏的灵芝和白茶一起烹煮。

金芝御叶“灵芝白茶”创始人林能程，委托国内顶尖科研单位国家食用菌品种改良中心对灵芝进行改良，用现代技术将灵芝中的200多种有益成分高效保留，并与白茶中的氨基酸相融合，研创出灵芝白茶。

金芝御叶灵芝白茶，由传统白茶与赤灵芝全草进行深度发酵而成，具有“营养价值更高、品饮口感更丰富”的特点，成为亚洲丽翔公务航空的合作商。